아이들을 위한다는 거짓말

내부자가 기록한 '진짜 교육'을 만드는 혁신

아이들을 위한다는 거짓말

홍제남 지음

혁신은 새로운 시도가 아닌
과거와의 작별에서 시작된다.
쿠르트 레빈(Krut Levin, 1890~1947)

도서출판 은빛

홍제남의 교육에 대한 열정과
진심에 동행하며

교육철학과 교육정책에 대한 생각과 비판을 글로 적어서 책으로 출판한다는 것은 쉽지 않은 여정이다. 더구나 학교에서 교장을 경험했고, 교육청에서 교육관료로 근무했던 이라면 더욱 어려운 여정이다. 왜냐하면 책 하나로 끝나는 것이 아니라 내용에 대한 책임과 수많은 동료들의 비판을 홀로 감내해야 하는 일이기 때문이다. 「학교내부자들」과 「학교외부자들」이라는 두 권의 교육 비판서를 출판했던 경험자로서 나는 그 고통을 나는 충분히 경험했다. 그래서 '아이들을 위한다는 거짓말' 원고를 읽으면서 홍제남 선생님의 교육에 대한 열정과 끓어오르는 용기에 찬사를 보낼 수밖에 없었다. 마지막 장을 덮으면서 나는 또 다른 형태의 「학교외부자들」을 읽은 느낌이었다. '맞아! 이 내용을 나도 글로 적었어야 했어!' 몇 번이나 탄성을 질렀다. 「아이들을 위한다는 거짓말」은 「학교외부자들」 보다 더 적나라하게 교육기관의 정책과 교육관료들의 행태를 신랄하게 비판한 책이다. 이 책을 읽고 나면 왜 저자가 책의 제목을 「아이들을 위한다는 거짓말」로 지었는지 충분히 공감될 것이다.

교문에 대한 안타까운 뉴스가 전해질 때마다, 우리 교육자들은 자문하곤 한다. "우리가 아이들을 위해 하고 있다는 이 일들이 정말 '진짜 교육'인가?". 이 묵직한 질문을 담고, 교육의 현장에서 누구보다 치열하게 살아오셨던 홍제남 교장선생님의 책 「아이들을 위한다는 거짓말」을 마주하니 동료 교장으로서 반가움과 함께 깊은 경외심이 든다. 나는 저자가 먼저 걸었던 길을 따라 걷고 있는 교장으로서, 학교라는 생태계가 겪는 아픔을 함께 체험하고 희망을 함께 꿈꾸어 왔다. 이 책은 단순히 교육을 비판한 책이 아니다. 19년의 과학 교사 생활, 그리고 오류중학교 공모 교장과 교육청 장학관을 거치며 현장에서 직접 몸으로 부딪치고 깨달은 '교육 혁신'의 생생한 기록이자 희망을 노래한 처절한 몸부림이다.

저자는 책의 서두에서 쿠르트 레빈의 말을 빌려 "혁신은 과거와의 작별에서 시작된다"고 단언했다. 그녀가 작별하고자 하는 '과거'는 아이들을 위한다는 명분 아래 자행되는 비효율적인 행정과 경쟁 중심의 시스템이다. 교사 간의 협력을 가로막는 성과급 제도와 교원 평가의 모순을 지적하고, 학교의 자율성을 옥죄는 선행학습규제법의 실효성에 의문을

던지는 저자의 시선은 매섭지만 따뜻하다. 그것은 오로지 '아이들의 성
장'이라는 교육의 본령을 회복하고자 하는 간절함에서 비롯된 것이기
때문이다.

이 책은 '고립의 교실'에서 '환대의 학교'로 나아가자고 우리를 초대한
다. 교사를 홀로 두지 않고, 학생을 성적의 줄 세우기에서 해방시키며,
교육청이 권위의 옷을 벗고 학교를 진심으로 지원하는 풍토를 만들자
는 그의 제안은 우리 시대 교육공동체가 나아가야 할 이정표가 되어줄
것이다.

학교 현장에서 분투하는 동료 교사들, 교육의 행정적 변화를 고민하
는 정책 담당자들, 그리고 무엇보다 우리 아이들의 미래를 걱정하는 학
부모님들께 이 책을 권한다. 지금도 어딘가에서 학교와 교사와 학생들
을 위한다는 명분 아래 스스럼없이 자행되고 있는 거짓말과도 같은 위
선적인 정책들이 무엇이었는지 알고 싶은 이들에게도 필독하길 추천한
다. 이 책을 덮을 즈음이면, 우리가 잃어버렸던 '진짜 교육'의 길을 찾는
용기와 희망을 발견하게 될 것이다.

홍제남 교장선생님의 귀한 발걸음을 응원하며, 이 책이 우리 교육을 살리는 소중한 마중물이 되기를 기원한다.

박 순 걸(대감초등학교 교장, 「학교내부자들」·「학교외부자들」 저자)

대안을 이야기하는
사람의 가치

지적은 쉽고 대안은 어렵습니다. 교실에서 아이들을 가르치며 교육을 지원하지 못하고 오히려 교육을 방해하는 교육 행정을 마주할 때가 많습니다. 그때마다 저를 비롯한 많은 교사들은 교육부나 교육청에 근무하는 분들이 현장을 모르는 행정을 한다거나 승진 이외에는 관심이 없을 것이라는 개인적 추측을 내비칠 때가 많습니다. 하지만 그 단순하고 근거 없는 추측이 교육 행정의 모든 구성원을 설명하지도 못할 뿐만 아니라 현실을 바꾸는 그 어떤 힘도 발휘하지 못할 뿐만 아니라, 학교 현장과 교육 행정 간 갈등의 골을 깊게 만들 가능성이 높다는 측면에서 오히려 삼가야 할 행동이 아닌가 반성하게 됩니다.

홍제남 선생님의 「아이들을 위한 거짓말」은 바로 이 점에서 역설적으로, 매우 의미 있고 현실적인 대안을 차분히 이야기하고 있습니다. 진짜 교육의 길을 만드는 혁신에 대한 기록입니다. 학교를 모르는 이들이 구름 위에서 교육을 이야기한다면 학교 현장과 교육 행정을 두루 경험한 홍제남 선생님은 두 발을 교실과 학교에 단단히 디디고 실현 가능한 교육의 희망을 보여줍니다. 무엇이 문제인지 자세히 살피고 앞으로 나아갈 방향을 제시합니다. 실타래처럼 얽히고설킨 학교 현장의 어려움을 해결할 대안을 이야기하는 사람의 가치가 이 책에 담겨 있습니다.

많은 분들이 함께 읽고 우리나라 교육의 실현 가능한 희망을 함께 꿈꾸는 분들이 많아지면 좋겠습니다. 저도 함께 노력하는 교사가 되겠습니다.

천 경 호(교사, 〈실천교육교사모임〉 회장)

목 차

| 제1장 |

아이들을 위해 일한다는 거짓말

| 제1장 |

아이들을 위해 일한다는 거짓말
- 악마와 천사는 디테일에 있다.

나태주 시인은 "자세히 보아야 예쁘다. 오래 보아야 사랑스럽다. 너도 그렇다"고 시를 썼다.

과학 교사 19년에 이어 교장 4년과 교육청 장학관 1년 총 5년간 좀 더 가까이에서 자세하게 학교와 교육청 및 교육부 정책을 들여다볼 수 있었다. 교장이 되기 전까지는 그리고 교육청에서 근무하기 전까지는 잘 몰랐던 것이 보였다. 학교 교육을 옥죄는 문제의 상당 부분은 학교나 지역 사회 차원에서 해결할 수 있는 문제들이 많다. 그러나 더 많은 문제는 학교의 노력만으로는 어렵고 교육부나 교육청 차원에서 해결이 가능한 문제들이다.

그간 교사, 교장, 장학관으로 근무한 교육 경험 속에서 느꼈던 교육부와 교육청의 정책, 그리고 학교 문화에 대해 밝히고 해결 방안을 함께 찾고자 한다. 흔히 '악마는 디테일에 있다'고 한다. 이 말은 '천사는 디테일에 있다'와 같은 말이기도 하다. 교육 정책 또한 마찬가지.

대의와 원칙만 부르짖는 차원을 넘어 이제는 구체적이고 세심한 고찰과 성찰, 그리고 그 결과로 세심하고 실질적인 정책 변화가 필요할 때다.

이 장의 제목에 '학생'이 아닌 '아이들'이라 표현한 것은 대안학교 학생들과 학교 밖 아이들까지 포괄하기 위해서다.

연말이면 교사들 관계가
안 좋아지는 이유

연말이면 학교에서 교사들 사이가 매우 삭막해진다. 교육을 지원해야 할 교육부나 교육청 정책이 오히려 학교 교육을 방해하는 경우가 많은데, 그 중 대표적인 것이 각종 가산점과 교원 평정 및 성과급이다. 학교에서 교육 혁신을 실현하기 위해서는 학교 공동체의 협력에 기반한 집단지성의 발휘가 핵심이다. 학교에서 벌어지는 여러 교육적 문제들은 매우 복잡해서 교사 홀로 해결하기 어렵기 때문이다. 이론적으로 실천적인 사례로도 교육계에서는 충분히 검증된 사실이다.

그런데 평소 협력 문화가 잘 만들어져 있는 학교들도 교사 평가와 성과급 시기가 되면 조금씩 예민해지고 서로 눈치를 보는 경우도 생긴다. 아무도 원하지 않았지만 경쟁 관계가 되기 때문이다. 정책 시행 초기에 성과급 자율 분배 등으로 공동체 문화를 유지하려 안간힘을 쓰던 학교들도 현실의 벽에 막혀 숫자가 점점 줄어들고 있다. 어떤 기준으로 교사를 평가하여 1등부터 꼴찌까지 순위를 매기고 교원 평정과 성과급을 줄 것인지 문제로 갈등이 생기기 일쑤다. 이런 상황이 고착되면서 공동체 문화는 점점 더 심각하게 현재 진행형으로 약화되어 간다.

평소 지행합일을 삶의 신념으로 여기고 살아온 지라 교원 평가가 실시되고 난 이후 한 번도 교원 평가에 참여하지 않았었다. 업무 담당 부장일 때도 행정적인 시스템 구축만 확인하고 평가는 참여하지 않았다. 그런데 교장이 되어서 딱 한 번 어쩔 수 없이 참여한 적이 있다. 낮은 점수로 재교육 대상이 될 상황에 놓인 교원을 평가하기 위해서였다. 동료 평가에서 같은 그룹이었는데 참가 인원이 적은 상태라 한 사람의 평가가 큰 영향을 미치는 상황이었다. 해당 교사는 평소 관심 학생 가정 방문을 하면서 학생들에 대한 관심이 큰 교사였으나 평판은 다양했다.

그러나 재교육을 가야 할 정도라고 판단되지는 않았다. 더구나 재교육이 실효성이 있다는 이야기를 전혀 들어보지 못했다. 그저 형식적인 절차를 거칠 뿐이며 막상 학교 구성원 모두가 퇴출해야 한다고 생각하는 교직원은 소위 '폭탄 돌리기'를 할 뿐 해결 방법이 없다. 학교에서 소위 '문제 교사'는 문제가 덜 발생할 비교적 가벼운 업무에 배정하고 한 해가 무사히 지나가기만 바랄 뿐이다. 교육청은 인사 시기가 되면 해당 교사를 다른 학교로 보내 성공적으로 '폭탄 돌리기'를 할 뿐이다. 그 고통은 학교와 학생들이 고스란히 감당하고 있다. 이런 상황에 대해 사회적으로 '철밥통'이라고 비난해도 변명할 말이 없다.

이런 실정에서 교원 평가와 성과급은 아무런 실효성이 없는 이미 '죽은 정책'이며, 공공의 이익을 최우선으로 가르쳐야 할 학교를 경쟁이 지배하는 시장으로 만드는 대표적인 '나쁜 정책'이다.

객관적인 교원 평가는 가능한가?

학생과 학부모가 평가하던 기존의 교원 평가는 서이초 사건을 계기로 일단 정지되었다. 그 폐해가 너무 컸기 때문이다.

학교에서 교원 평가가 진행되던 어느 날 점심시간이었다. 앞서가던 한 학생이 교사와 같이 식당으로 걸어가며 교사에게 말했다.

학생: 선생님, 이번에 교원 평가에서 제가 선생님 평가 잘해 드릴게요~
교사: 어……

이 말이 아직도 귀에 쟁쟁하다. 교원 평가 시기가 되면 학생은 교사를 평가의 대상으로 강하게 인식한다. 학교에서 하라고 안내한 일이니 학생을 탓할 일이 아니다. 잘해주겠다고 하니 오히려 고마워해야 할 일인가 싶기도 하다. 그러나 학생이 수요자의 입장에서 교사가 제공하는 교육서비스를 평가하게 되면 건강한 사제관계와 공공의 이익에 부합하는 교육을 실행하기 어려워진다.

논란이 끊이지 않았던 교원 평가는 2023년 서이초 교사 사망 사건으로 교권 문제가 사회적 이슈가 되면서 2024년에는 잠정 중단되었다. 이후 대안으로 '교원역량개발지원제도'가 마련되어 2026년부터 시행되는데, 이 제도가 교원 역량을 실질적으로 지원할 수 있을지는 여전히 미지수다. 인식 조사 결과 등이 성과급과 연동되는 다면평가나 연수 기회 등과 연계되어 있어서 교사 간에 경쟁적인 시스템은 여전하다. 관련 업무 과중과 평가 결과 활용 문제 등에 대한 우려와 문제가 제기되는 이유이다.

단위학교 다면평가 운영 절차(안)

학년 초(2월)	3~12월	12월~익년도 1월
• 다면평가 운영 및 교원 **역량 개발 지원 계획 수립** ※신학기 준비 기간(2월) ※구성원 간 숙의를 통해 평가 역량 개발 계획 수립 • 교사별 **직무 수행 자기개발 계획** 수립	• 교원 간 자율적 수업 **나눔, 교육 활동 개선**을 위한 **교류·협력 활동** • 학교 내 교원 간 **자율적 멘토링** 활동	• **다면평가자 선정**(12월 초) • **다면평가 실시**(12월) –교원 간 교류·협력을 통해 관찰 확인된 결과 반영 • **다면평가 결과 제공**(1월) ※자기개발 계획 수립에 활용

※교육공무원 승진규정에 따른 평가 신뢰도 제고를 위해 다면평가자 운영 규모 확대 권장

다면평가 개선(안) 주요 내용

구분	기존	개선(안)
내용·방법	자기실적평가서, 정량 실적 등을 통한 평가	수업 나눔, 교육 활동 개선을 위한 교류·협력 과정을 통한 평가
일정	(9~10월) 시도 교육청 계획 안내 (10~11월) 학교(유치원)별 계획 수립 (12월) 다면평가자 구성, 평가 실시	(1~2월) 시도교육청 계획 안내 (2월) 학교(유치원)별 계획 수립 (3~12월) 교원 간 교류·협력 활동 (12월) 다면평가자 구성, 평가 실시
결과 활용	• 근무성적평정, 성과금 산정 시 반영	• 근무성적평정, 성과금 산정 시 반영 • 자기성찰 → 역량개발 → 교육활동 개선에 활용

* 출처 : 에듀프레스(2024. 10. 3.)

교사는 누구라도 좋은 교사가 되고 싶어 한다. 교사를 하면서 가장 뿌듯한 순간은 학생들과 잘 소통하며 재밌는 수업을 했을 때이다. 그리고 동료 교사들과 같이 성공적으로 학교의 멋진 교육 활동을 함께 이루어냈을 때였다. 교원의 전문성 신장은 학교 교육의 가치에 맞게 경쟁이 아닌 협력에 기반해야 한다.

교육 당국은 교사가 학습 공동체에서 협력적으로 함께 배우고 연구

하며, 건강하고 실효성 있는 방식으로 교사 전문성을 높일 수 있도록 지원해야 한다. 그리고 그에 맞게 예비 교사 교육 단계인 고등교육 교사 양성 과정에서 교사에게 필요한 역량을 실질적으로 갖출 수 있는 교사교육이 선행되어야 한다.

성과급 또한 교원 평가와 본질적으로 그 성격이 같다. 학교에서 이루어지는 교육 활동을 어떻게 상대적인 기준으로 비교할 수 있을까? 어떤 학교에서는 코메디 같은 일이 벌어지기도 했다. 교무부장이 합리적인 기준을 만든다며 어떤 교사가 공문 처리를 많이 했는지 통계를 냈다고 한다. 만약 그것으로 교사의 성과를 측정한다면 학교 교육의 목적 자체를 상실한 것이 아닌지 의심할 수밖에 없다. 교장을 하면서 교사들의 교육 활동을 좀 더 세심히 살펴보았는데 교사들은 각자의 자리에서 서로 다른 일을 하는 경우가 많다. 예를 들어 어떤 교사는 자발적으로 아침 일찍 학생들을 불러 보충학습을 시키고 어떤 담임교사는 휴일임에도 바다를 아직 한 번도 못 본 학생을 안타까워하며 학생들과 함께 바다로 떠나기도 한다. 또 어떤 교사는 가출한 학생 때문에 방과 후 시간에도 반 학생들과 함께 가출 학생을 찾아다닌다. 그러다 집에 가서도 잠 못 이루며 학생 연락을 기다린다. 또 다른 교사는 늦은 시간까지 학생들을 데리고 면담하며 학생 교육과 진로 상담을 이어간다. 이런 교사들을 어떻게 어떤 기준으로 점수를 매겨서 성과를 비교하고 한 줄로 세울 수 있을까?

학교가 다른 직종의 업무와 결정적으로 다른 점은 미성숙한 어린이나 청소년의 성장을 지원하는 곳이고, 교사들은 그 일을 수행하는 사람이라는 점이다. 가정에서 한두 명의 자녀라도 길러본 사람이라면 얼마나 많은 변수와 일들이 생기는지 짐작할 수 있을 것이다. 학교와 교실은 더 많은 학생들이 함께 생활하고 성장하는 곳이다. 이런 학생들과 하루 종일 생활하는 교사들에게 얼마나 많은 일들이 생길지 짐작하는 것은 어렵지 않은 일이다. 그리고 이런 교사들의 다양한 교육 활동을 1등부터 꼴찌까지 한 줄로 세운다는 것은 너무나 비합리적이고 비상식적이고 교육적이지 않은 일로 학교 공동체를 파괴하는 일이다. 교원 평가와 마찬가지로 교원 평정, 교원 성과급, 학폭 가산점 등 또한 없어져야 할 나쁜 정책이다.

| 2 |

학교교육과정 운영을 방해하는
선행학습규제법[1]

　교사들은 국가교육과정에 따라 수업시간에 가르친 범위 안에서 시험 문제를 출제한다. 그런데 선행학습이 넘쳐나는 학원이 아닌 학교만 선행학습규제법으로 어려움을 겪고 있다. 시험을 치른 후 학교는 교육청에 시험 문제를 제출하여 보고하는데, 교육청은 '연초에 세운 진도 순서와 다르게 수업을 진행하고 시험 문제를 출제'한 경우에 선행학습규제법을 어겼다고 지적하기 때문이다. 그런데 문제는 수업을 진행하다 보면 연초 계획과 다르게 진도 순서를 바꿀 필요가 생긴 경우에 벌어지는 일이 수시로 생기는 것이다. 이것은 선행학습규제법 도입의 애초 취지와 너무나 다르다.

　선행학습규제법의 목적은 제1조 "초·중등교육법"에 따라 공교육을 담당하는 초·중·고등학교의 교육과정이 정상적으로 운영되도록 하기 위하여 교육 관련 기관의 선행 교육 및 선행학습을 유발하는 행위를 규제함으로써 「교육기본법」에서 정한 교육목적을 달성하고 학생의 건

---

[1] 이 법률의 정식 명칭은 「공교육 정상화 촉진 및 선행교육 규제에 관한 특별법」 (약칭 : 공교육정상화법)

강한 심신발달을 도모하는 것"이다. 선행 교육 규제로 학생들의 건강한 심신발달을 도모하는 것이라 통상 '선행학습규제법'이라 부른다. 박근혜 정부 시절인 2014년 3월 제정되었다. 과연 10년이 지난 현재 이 법률로 학생들의 선행학습이 줄고 공교육이 정상화되었을까?

2024 한국의 사회지표
사교육 현황

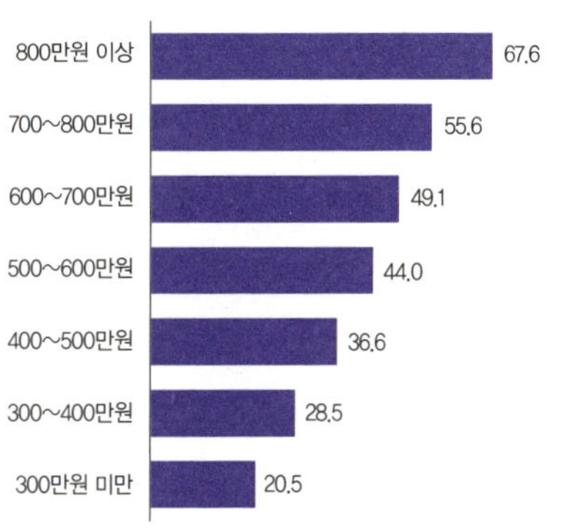

※자료 : 통계청, 교육부

통계를 거론하지 않더라도 우리 모두 너무나 잘 알고 있듯이 선행학습이 줄기는커녕 선행의 주범인 사교육에 지출하는 비용은 해마다 기록을 갱신하고 있다. 얼마 전 한 방송에서 '7세 고시'가 방영되며 아동학대 수준의 사교육 실태의 심각성에 대한 사회적인 충격이 큰 상태다. 이렇게 선행학습규제법이 사문화된 이유는 제2조 1항에 훤히 드러나 있다.

"교육관련기관이란 「초 · 중등교육법」 제2조에 따른 학교 중 초등학교 · 중학교 · 고등학교 · 각종학교(이하 "학교"라 한다)와 「고등교육법」 제2조에 따른 학교 및 그 밖에 다른 법률에 따른 고등교육기관(이하 "대학 등"이라 한다)을 말한다."

법 적용 대상 교육기관에서 선행학습의 주범인 사교육 기관이 빠져 있다. 또한 사교육의 근본적 이유인 수능시험은 해마다 '교과서만 잘 공부하면 된다'면서도 무슨 이유인지 이 법률의 대상이 아니다. 국가교육 과정 이외에 내용이 수능시험에서 출제되어도 규제할 방법이 없는 실정이다.

그래서 이 법률에 대해 경향신문 논설위원이 지적한 '있으나 마나 한 선행학습규제법'이라는 비판은 매우 타당하다.

지난 3년간 전국 자사고 · 외고 · 과학고 등이 시행한 240여 건의 입학 전형 평가에서 사교육 유발 요인이 적발된 사례는 1건에 불과했다. 정부의 사교육비 통계에 의하면 자사고·외고·과학고 진학 희망자는 일반고 진학 희망자보다 사교육비 지출이 50% 이상 많다. 그런데 자사고와 외고 입시는 선행학습 유발과 관계가 없는 것으로 결론 났으니, 제도에 허점이 있거나 교육청의 관리·감독이 요식행위에 그쳤다고밖에 볼 수 없다. 교육 당국이 자사고와 외고 입시에 오히려 면죄부만 준 꼴이다. (중략)… 선행 학습도 못 잡고 사교육비 절감 효과도 없는데 교사와 교육청 직원들은 유명무실한 법을 유지하느라 '서류 작업'에 헛심을 쓰고 있다. (중략)… 실효성 없이 법의 권위를 떨어뜨리는 선행학습규제법을 이대로 방치할 수는 없다. 고쳐 쓸 수 없다면 폐지하는 게 옳다. (경향신문, 2023. 5. 3.)

선행학습규제법은 해야 할 선행학습은 규제하지 못하면서 오히려 학교가 실제 상황에 맞게 학교 교육 과정을 삶과 연계된 교육과정으로 유연하게 운영하는 것을 방해하고 있다. 이런 일은 교사일 때도 교장일 때도 실제로 겪었던 어이없는 일이다.

어느 해에 3학년 수업을 맡았을 때 일이다. 연초에 세운 계획에는 2학기 진도에 나와 있던 부분을 1학기로 당겨서 수업하고 시험 문제로 출제했다. 당연히 사전에 학생이나 보호자 모두에게 알린 일이었다. 당겨서 수업을 한 이유는 1학기 임신과 출산 단원 내용이 가정 교과와 많이 겹쳐서 진도가 빨라져 생긴 일이다. 그런데 교육청은 연초 교육계획과 시험 문제를 비교한 후 선행학습규제법을 어겼다며 교육 계획 시정을 지시했다. 수업 교사였던 나는 여름방학 중에 연락을 받고 출근해서 교과교육과정 계획을 수정해서 다시 결재를 받아야 했다. 교장일 때도 학교가 비슷한 건으로 지적을 받아 수업 교사가 진행한 수업에 맞게 교육계획을 수정하여 재결재를 진행하고 학교 홈페이지에 다시 공시해야 했다. 극히 형식적이고 탁상공론적 행정이다. 이것은 선행학습은 잡지 못하면서 거꾸로 교사들의 업무 부담을 증가시키고 삶과 연계된 학교 교육과정 운영을 위축시키는 행정이다.

하멜과 프라할라드는 조직의 비전 연구에서 "창조적 전략이 형식적으로 진행되는 연간 기획에서 나오는 경우는 거의 없다"라고 하였다. 학기 초에 세운 연간 교육과정계획이 1년간의 모든 변수를 반영하는 것은 당연히 불가능하다. 그런데도 교육청은 현실 상황에 맞게 순서를 바꿔 수업한 것까지 실효성 없이 선행학습으로 규제하여 학교교육을 방해하고 있다.

당장 법을 폐지하지 못한다면 법령 제8조에서 편성된 학교교육과정을 1년간의 교육과정으로 포괄적으로 해석하는 것이 타당하다.

제8조(선행교육 및 선행학습 유발행위 금지 등)

① 학교는 국가교육과정 및 시·도교육과정에 따라 학교교육과정을 편성하여야 하며, 편성된 학교교육과정을 앞서는 교육과정을 운영하여서는 아니 된다. 방과후학교 과정도 또한 같다.

③ 학교에서는 다음 각 호의 행위를 하여서는 아니 된다. 1. 지필평가, 수행평가 등 학교 시험에서 학생이 배운 학교교육과정의 범위와 수준을 벗어난 내용을 출제하여 평가하는 행위

위 조항에 견줘보면 앞의 사례들은 편성된 연간 학교교육과정 범주 안에서 '학생이 배운 범위와 수준을 벗어나지 않는 내용으로 출제'한 것으로 평가할 수 있을 것이다. 종이호랑이만도 못한 법은 없어져야 마땅하다. 그러나 교육청은 우선 1년의 학교교육과정 안에서 상황에 맞게 순서를 바꿔 수업한 것을 선행학습이라고 기계적으로 단정하는 행위부터 시급하게 없애야 한다. 그것이 학교와 교사가 풍부하고 유연하게 학교교육과정을 적극적으로 운영할 수 있도록 지원하는 길이다.

| 3 |

너무 짧은 교육청 인사 발령 주기,
제대로 일할 수 있나?

학교에 근무하면 다들 경험하는 일이 있다. 교육청에 뭔가를 물어보려고 전화하면 업무 담당자와 통화하기가 매우 어렵다. 통화가 되더라도 '다시 잘 파악한 후 전화드리겠다'라는 답변을 듣기 일쑤다. 학교를 제대로 지원하는지, 전문직이라는 직위에 걸맞게 전문성을 가진 게 맞나 의구심을 갖기도 한다. 교육청에서 근무하게 되면서 그 이유를 좀 더 구체적으로 알게 되었다.

첫째, 담당자가 동일 업무에 종사하는 기간이 너무 짧다. 행정직은 1월, 7월에 전문직은 3월, 9월에 인사 발령이 있다. 6개월 주기로 계속 인사 발령이 되는 과정에서 심한 경우 6개월만 담당하고 업무를 옮기기도 한다. 이유는 같은 직급이라도 더 선호하는 직책으로 옮겨 가려 하기 때문이다. 과장해서 말하면 교육청에 있는 직책은 선호하는 순서가 정해져 있다. 그래서 앞에 자리가 비면 연차에 따라 계속 그 자리를 채우며 연쇄적으로 이동하는 것이다. 그 결과 수능시험 업무처럼 힘들고 위험 부담이 큰 일은 경력이 가장 낮은 장학사가 담당하는 게 관행이다. 교육청에 근무할 때, 필자가 국장으로 총괄하던 교육지원국만이라도 학교를 지원하는 교육지원청답게 중간에 자리를 옮기는 것을 지양하자고 했다. 그럼에도 교육청의 인사 발령으로 비는 자리가 생기고 업무 담당자가 바뀌는 것은 피할 수는 없었다.

둘째, 장학사들이 너무 바쁘다. 근무 시간에는 쏟아지는 전화와 온갖 민원에 대응하고, 행사가 있으면 각종 의전을 챙기느라 근무 시간에 자신이 맡은 원래 담당 업무를 하기가 쉽지 않다. 이런 일이 끝나는 퇴근 시간이 되어서 저녁 식사를 한 후에야 업무를 차분하게 시작하는 경우가 허다하다. 주말에 하루 정도는 출근하는 게 다반사이고 출근하지 않더라도 집에서 업무를 처리해야 하는 실정이다.

셋째, 이런 여건이라 전문성을 제대로 쌓기가 당연히 어렵다. 그러니 전화를 할 때마다 통화도 어렵고 연결이 되어도 다시 알아보고 전화한다고 답변할 수밖에 없는 실정이다.

심각한 것은 높은 직위로 갈수록 '내규처럼' 보장되는 임기가 더 짧아진다는 것이다. 교장으로 4년간 근무할 때 지역교육지원청 교육장이 4번이나 바뀌었다. 처음 두 번은 학교 안에 추진 중이던 다가치학교 관련 경과 보고와 사업 협조를 구하기 위해 해당 교육장을 찾아갔다. 그러나 3년 차에 교육장이 또 바뀌는 것을 보고는 더 이상 찾아가지 않았다. 힘들여 설명하느라 입만 아플 뿐 아무 소용이 없다고 생각했다. 해마다 바뀌는 교육장이 무슨 장기적인 관점에서 관내 학교의 교육 발전을 위한 계획과 실행을 할 수 있겠는가. 당시에는 왜 이런 상황이 벌어지는지 이해하기 어려웠다.

상식적으로 한 업무에서 의미 있는 일을 하려면 최소한 3년은 보장되어야 파악-계획-실행-평가까지 할 수 있을 것이다. 그래서인지 지자체장처럼 선출직 공직자 임기는 대부분 4년이고 대통령 임기도 5년이다. 그런데 교육청의 경우 4급 상당 이상의 직책은 일반적으로 임기가 최대 1.5년인 상황이다. 이런 사실을 몰랐던 상태에서 교육청으로 전직하는 과정에서 인사 담당자가 준 전화를 통해 "오셔도 임기는 1년 반입니다"라는 말을 통보받듯이 듣게 되었다. 깜짝 놀라 반사적으로 되물었다.

나: 그렇게 짧은 기간 안에 무슨 일을 하란 말이지요? 이유가 뭡니까?
인사 담당자: "원래 그렇습니다. 내규입니다."

일반인은 물론 학교 교사들도 이런 사실을 잘 모른다. 교장이던 나도 해마다 바뀌는 교육장을 보면서 '해당 관내가 힘든 일이 많은 지역이라 교육장이 길게 있고 싶어 하지 않나 보다'라고 극히 상식적인 수준에서 생각했었다.

아무리 궁리해도 1년 6개월의 기간 동안 의미 있는 변화를 추구하긴 너무 어렵다. 겨우 현안 대응만 급급하거나 단기적으로 눈에 보이는 성과를 낼 수 있는 사업에 집중하게 된다. 잦은 인사로 이런 방식의 사업이 많아지면서 학교는 점점 바빠진다. 결국 학생들이 교사와 눈 맞추기도 힘든 상황이 된다.

교육청에 새로 부임하는 간부들은 지역과 학교에 인사를 한 바퀴 돌고 나면 임기의 많은 기간이 이미 반 가까이 지나 버린다. 이런 상황에서 지자체는 교육청과 무슨 사업을 안정적으로 추진할 수 있을까? 필자 또한 2023년 1년 간 지역교육청에서 교육지원국장으로 근무하며 지자체의 여러 사람과 만나며 필요한 사업 이야기를 했다. 내년에는 이렇게 추진해 보자며 서로 의견을 나눴다. 그러나 대화 중에도 자리가 달라져 책임지지 못할 상황이라 미안한 마음도 들고 허망하고 허탈하고 기운이 빠졌다. 후임자가 오면 잘 이어서 해 주길 바라지만 기약할 수 없는 희망이다.

뭔가를 제대로 해 보기도 전에 가고, 또 새로운 사람이 오면서 다시 이런 과정이 반복되다 보니, 교육청과 교육 행정은 제자리걸음이다. 그래도 예전에는 2년까지는 임기를 보장했다는데 더 짧아져서 1.5년으로 줄었다고 한다. 이유는 한 전문직 출신 교장의 표현을 빌자면, "능력 있는 사람들이 많은데 한 사람이 그 자리를 오래 차지하는 것은 공평하지 않지요"이다. 기가 막힌 현실이다. 짧은 임기의 당위성이 과업이 아니라 여러 사람을 그 자리에 돌아가며 앉히기 위한 것이다.

직업(職業)의 뜻은 국립국어원 표준국어대사전에 '생계를 유지하기 위하여 자신의 적성과 능력에 따라 일정한 기간 동안 계속하여 종사하는 일'이라고 한다. 이때 부여된 직위는 당연히 업무 추진을 위해 필요한 자리이다. 직위에 부여된 업무의 성격에 적합하게 임기가 보장되어야 한다. 업무 수행보다 직위 자체를 더 중시하는 사람들이 주를 이루면, 업무가 뒷전으로 밀리고 비록 짧게라도 그 직위 자체를 '누리고 싶은' 것이 중요해지는 조직이 된다.

이렇게 짧은 임기는 교육 공무원만의 문제가 아니다. 2023년 전북 새만금에서 열린 제25회 세계스카우트잼버리 대회는 세계적으로 부끄러운 실패한 행사였다. 세계스카우트위원회는 2024년 4월 16일 발표한 보고서에서 한국 정부의 과도한 개입과 '담당 공무원들의 잦은 교체'를

핵심적 실패 요인으로 거론했다.[2]

보고서는 "한국스카우트연맹이 소외됐고, 사실상 한국 정부가 대회를 총괄하면서 여러 문제를 일으켰다"라고 진단했습니다. 특히 "공무원으로 구성된 조직위가 1년 새 여러 번 인사 교체됐고, 이 과정에서 인수인계와 역할 분담도 제대로 이뤄지지 않았다"고 지적했습니다.

해당 보고서에 따르면 여성가족부, 행안부, 문화체육관광부, 전라북도, 세계스카우트연맹, 한국스카우트연맹 등 주최와 주관 부서가 책임 소재를 놓고 입장 차이가 난 이유도 '빈번한 인사 교체와 부실한 인수인계 때문'이라고 밝혔습니다.

부끄러운 그들만의 리그이고 민낯이다. 그간 내부자들이 밖으로 말하지 않았던 사실이 해외 연구 보고서를 통해 만천하에 드러난 모습이다. 교육청에 근무할 때 이 점에 대해 개선 필요성을 이야기 할 때마다 자주 들었던 이야기는, '여러 업무를 해봐야 다양한 업무 파악을 할 수 있고, 나중에 학교 업무에도 도움이 된다'는 식의 대답이었다. 필자의 생각은 다르다. 모든 것을 경험해야 배우는 것은 아니며 모든 것을 경험할 수도 없다. 어떤 관점으로 보느냐가 중요하다. 올바른 관점이 있으면 일의 핵심을 파악할 수 있다. 짧은 주기로 직위가 바뀌는 상황에서 전문성을 갖춰야 할 '전문직'이라는 용어는 민망하기 그지없다.

---

2) 세계스카우트위원회 "잼버리 실패는 한국 정부 때문" 16일 잼버리 보고서 공개. "정부가 대회 총괄하면서 문제 일으켜". 오마이뉴스 (2024. 4. 23.)

　현재와 같은 짧은 주기의 '회전문 인사' 방식을 개선하여 학교를 제대로 지원하는 교육청으로 거듭날 필요가 있다. 단기적으로는 일부 교육청이 시도한 '교육장 공모제'를 실질적으로 도입하는 방안도 적극 검토할 필요가 있다. 자리 자체가 목적이 되어선 안 된다. 제대로 일할 수 있는 자리로 만들어야 한다. 그것이 진짜 교육을 펼치는 진짜 교육청의 첫걸음이다.

| 4 |

교육청의 '지원' 정책,
학교는 원하나?

　어릴 적 학교에 장학사가 온다고 하면 반짝반짝 윤이 나게 학교를 청소해야 했다. 지금은 학교 위에 군림하지 않고 지원하자는 취지로 지원청이라 이름을 바꾸었다. 발전적인 방향대로 실제 달라진 점도 있다. 그러나 교사들은 여전히 교육청이 학교가 원하는 것을 제대로 지원하지 못한다고 느낀다. 교육부와 교육청이 없어야 학교는 더 좋아진다는 말이 회자 되는 이유다.

　교육청에서 근무를 하게 되면서 놀란 것이 몇 가지 있다. 가장 놀란 것은 교육청 문화가 여전히 너무나 수직적이고 권위적이라는 점이다. 행정기관이라 관료적 위계가 효율적인 면도 있으리라 생각되기도 한다. 그러나 전문직인 장학사나 장학관이 교육청 교육 정책을 수립하여 진행하고 있고, 나중에는 학교 관리자로 근무할 것을 생각하면 걱정스럽고 바람직하지 않다. 교육청은 학교에 학교 운영 혁신을 위해 수평적 학교 문화를 조성하고 민주적으로 학교를 운영하라는 지침을 시행한다. 그런데 막상 교육청은 권위적이고 관료적인 조직 문화가 여전했다. 학교 현장과 달리 혁신하지 않는 수직적 조직 문화 속에서 교육청이 학교가 원하는 바를 제대로 지원하기는 어렵다.

교육청에서 근무하면서 학교 현장에서 혁신 교육을 앞장서 실천해 온 사람으로서 교육청에 근무하는 동안 수시로 이야기하며 변화를 주문한 바는 '학교는 빠르게 혁신하고 있다', '학교는 학습 공동체에서 학습하고 연구하는 문화가 활발해서 교육 전문성이 높고, 직위에 상관없이 수평적인 문화이다', '교육청이 학교보다 혁신하지 못하면 지원을 제대로 할 수 없다', '기존 관행을 그대로 따르려 하지 말고 낯선 시각으로 교육청 문화를 바라보자'라고 강조했다.

그리고 교육청이 행정 혁신으로 모범을 보여 주자고 제안했다. 매 학기 초에 진행하는 지원장학도 그중 하나였다. 지원장학을 말 그대로 원하는 학교만을 대상으로 학교가 원하는 내용과 방식으로 진행하자고 제안했다. 실제 2023년 2학기에 지원장학의 일부는 이렇게 진행했다.

학교는 1년에 4차례 교육청으로부터 지원장학을 받고 있다. 그러나 말은 '지원'이나 학교에서는 따라야 하는 '업무'처럼 생각한다. 교육청은 지원장학을 나가기 전에 학교의 지원 요청 사항을 '친절하게' 미리 받고 있다. 그러나 학교에서 해당 업무를 해본 사람은 너무나 잘 아는 사실인데, 학교로서는 무엇을 요청해야 할지가 '번거로운' 고민거리가 된다. 이유는 명확하다. 지원을 요청해 봤자 열심히 듣고 적어 가지만 실제로 도움을 받은 경험이 거의 없기 때문이다. 학교에서 필요로 하는 지원 사항은 담당 장학사나 지원청 수준에서 해결할 수 없는 경우가 거의 대부분이다. 게다가 교육장부터 업무 담당자까지 수시로 바뀌기 때문에 그나마 교육지원청 차원에서 가능한 일도 지원이 제대로 이루어지지 못한다.

지원 요청 사항도 학교 시설이나 교원 배치, 학급수 등을 제외한 교육과정 관련으로 한정하라고 하니 지원을 요청할 게 더구나 없다. 그래서 학교로서는 지원장학은 또 하나의 부담되는 행정 업무일 뿐이다. 학교가 진짜로 원하는 지원장학은 학교 홀로 감당하기 버거운 현안이 생겼을 때 실질적인 도움이 되는 지원 활동이다.

교육청에 근무하게 되면서 학교가 생각하는 지원장학에 대한 의견을 처음 말했을 때, 이에 대한 답변은 장학사가 학교 현장을 제대로 파악해야 다른 일도 잘 지원할 수 있으니 학교 방문이 필요하다는 것이었다. 맞는 말이지만 지원장학의 취지가 뒤바뀐 셈이다. 이 논리라면 학교는 필요하지도 않은 지원장학을 장학사가 원하는 학교 파악의 기회를 제공하기 위해 받아야 하는 셈이다. 안 그래도 바쁜 교사들은 괜한 에너지를 쓰게 되고 그 결과 차라리 교육청이 없는 게 낫다고 한탄하게 된다.

2023년 2학기에 실제 한 초등학교에서 지원장학 공문을 보고 항의가 있었다. 2학기 들어 지원장학 요청서를 내라고 하자, 해당 학교는 형식적인 지원장학은 필요 없고, 특수학생 문제로 너무 큰 어려움이 있어서 수차례 호소한 적이 있으니, 이에 대한 실효적인 지원을 원한다고 답했다. 그래서 해당 학교는 물론이고 모든 관내 초등학교에서 2학기 지원장학은 모두 그렇게 진행하도록 했다.

교육청은 예전에 소통이 어렵던 시절의 행정 방식에서 과감하게 벗어나야 한다. 학교가 원하는 방식으로 실효성 있는 지원을 모색할 필요가 있다. 변화에 대한 사회심리학의 창시자인 미국 심리학자 쿠르트 레

빈의 "혁신은 새로운 시도가 아닌 과거와의 작별에서 시작한다"는 말은
의미심장하다.[3]

레빈에 의하면 어떤 사고방식이나 행동 양식이 정착되어 있는 조직
은 '해동-혼란-재동결'의 과정을 거쳐 변화한다. 여기서 프로세스가 '해
동'에서 시작된다는 점에 주목해야 한다. 해동이라는 것은 바로 '끝낸
다'라는 의미를 담고 있기 때문이다. 우리는 무언가 시작하려고 할 때
앞으로의 일을 '시작'하는 데만 초점을 맞춘다. 당연한 일이다. 하지만
쿠르트 레빈의 지적은 새로운 것을 시작할 때 가장 먼저 해야 할 일은
지금까지의 방식을 '잊는' 것, 즉 이전 방식에 '종지부를 찍는 일'이라는
점을 상기시켜 준다. (야마구치 슈, 2018. p151)

교육청은 혁신을 위해 먼저 끝내는 '해동'부터 시작해야 한다.

---

3) 야마구치 슈(2018). 철학은 어떻게 삶의 무기가 되는가. 김윤경 역(2023). 도서출판 다
산북스..

5

너무 다른 두 학교,
민원이 교육보다 먼저인 학생 배정

3월 첫 주에 한 초등학교를 방문했다. 그런데 개학 후 찾은 가까운 지역에 있는 두 학교 모습이 너무 다르다. 한 학교는 학생 수가 넘쳐나서 교실당 대여비 1억 원이 넘는 예산을 들여 모듈러 교실을 추가 설치해야 했고, 다른 한 학교는 학생 수가 부족해서 잠겨 있는 빈공간이 넘쳐난다. 그리고 이로 인해 두 학교 모두 교육적으로 어려운 상황에 놓이게 된다.

개교한 지 10년 된 이 학교는 학생 배정에 대한 학부모들의 민원으로 안 그래도 작은 운동장 한편에 다시 모듈러 교실을 추가로 설치했다. 교장선생님은 1년 대여비만 7억이 넘는다며, "교실만 있다고 되는 문제가 아니잖아요. 특별실, 운동장, 여유 공간 등등 다 추가로 필요한데 학교가 너무 공간이 없고 학생 밀도가 너무 높아서 걱정이에요"라며 한숨을 쉬었다. 비좁은 학교 환경으로 인해 제대로 된 교육 활동을 진행하기가 어렵고 학생들의 스트레스 지수도 높아진다. 학생 수가 적은 학교는 또 다른 차원에서 어려움이 크다. 교육 활동의 역동성은 크게 낮아지고 교사 수도 같이 줄어들어 개별 교사당 업무가 폭증한다. 모든 학교가 학생 수와 무관하게 학교 업무 꼭지는 같기 때문에 적은 수의 교사가 많은 업무를 나눠 맡아야 하기 때문이다. 화장실 갈 새도 없을 정도로 수업과 업무로 정신없이 시간을 보내는 상황에서 교사들은 정체성에 깊은 회의감을 느끼게 된다. 그래서 작은 학교는 교사들도 기피하는 학교가 되어 경력 교사 비중이 낮다. 내가 교장으로 있었던 오류중학교도 이런 일이 일어난 대표적인 경우이다. 아파트 단지에 입주할 학부모들이 표면적으로 내세운 반대 논리는 통학의 어려움이었다. 그러나 재개발 전 별문제 없이 통학하던 곳이었고, 요구를 받아들여 학교까지 운행하는 마을버스가 생겼으나 학생 배정은 여전히 달라지지 않았다.

필자가 교장으로 근무할 때 교육청에 가장 많이 요구한 것이 학생 배정 불균형 해소 문제였다. 근거리 지역인데도 학교 위치에 따라 학생 수 차이가 너무 크게 차이가 난다. 서울뿐 아니라 우리나라 학교의 전반적인 문제이기도 하다. 서울 지역의 경우에 가장 큰 원인은 학부모 민원이다. 대표적인 예로 주택단지가 재개발되어 아파트가 들어서면 학부모 민원에 따라 학생 배정 학교가 달라지는 것이다. 교장이 된 후 교직원과 학부모 서명을 비롯하여 교육청 간담회, 지역의원 간담회 등 백방으로 노력했다. 그 결과 2019년 말 지역교육청은 내년에는 학생을 추가로 조정하여 배정해 주기로 약속했다. 그러나 2020년이 되니 약속했던 담당자는 다른 곳으로 옮겨가서 없고 새로운 담당자는 잘 모르는 일이라 했다. 논의가 다시 원점으로 돌아온 것이다. 공문으로 2019년 논의 당시에 약속한 내용을 시행할 것을 요청했다. 그러나 교육청은 아직 계획 수립 전이라 안 된다며 추후에 약속을 꼭 지키겠다 했다. 당시 임기응변으로 넘어가려는 꼼수가 아닐까 불안했지만 달리 방법이 없었는데 사실로 확인되니 허탈하고 배신감마저 들었다. 그 후에도 계속 노력했지만 시교육청은 지역교육청의 결정 사항이라 하고, 지역교육청은 시교육청 지침이 필요한 일이라며 미루어 결국 문제를 해결하지 못하고 말았다.

학생 배정 업무는 교육청 행정지원국 업무인데 가장 기피하는 업무이기도 하다. 골치 아픈 학부모 민원 발생이 일어날 소지가 크기 때문이다. 최근 소설가 김훈은 '내 새끼 지상주의'라는 용어로 우리나라 학부모 민원의 심각성을 지적했다.

'악성 민원'의 본질은 한마디로 한국인들의 DNA 속에 유전되고 있는 '내 새끼 지상주의'다. '내 새끼 지상주의'는 '내 새끼'를 철통 보호하고 결사옹위해서 남의 자식을 제치고 내 자식을 이 세상의 안락한 자리, 유익한 자리, 끗발 높은 자리로 밀어 올리려는 육아의 원리이며 철학이다. '내 새끼 지상주의'는 사회적 관계 속에서 나의 자식이 겪게 되는 작은 불이익이나 훼손을 견디지 못하고 사회관계망 전체를 뒤흔들어 버린다.

'내새끼 지상주의'는 계층의 차이가 없이 고루 퍼져 있지만, 부유층 밀집 지역의 '악성 민원'이 더욱 잦고 사납고, 위압적이라는 일선 교사들의 고백은 이들을 행세하게 하는 부(富)의 천민성을 증언하고 있다. 사실, 이 '내 새끼 지상주의'는 이 나라 수많은 권귀(權貴)들에 의해 완성됐다. 국회 인사청문회에 나온 고위 공직자 후보들은 너도나도 그 자식을 일류대학에 보내기 위해 실정법을 위반해 가며 학원 좋고 학군 좋은 동네로 거듭 위장 전입을 해왔는데, 이 정도 범죄는 매우 경미한 사안이다… 교사들은 개별적 교사 한 명씩을 이 무겁고 또 무서운 사태 앞으로 내세우지 말고, 교육청, 교장, 교감이 교사들과 함께 사태의 전면에 나서 주기를 바라고 있었는데 지위 높은 선생님들은 사태를 빙 돌아서 형용사 '정당한' 뒤로 숨어들고 있다.

김훈은 '내 새끼 지상주의'가 사회관계망 전체를 뒤흔들어 버릴 지경이 된 이유로, '내 새끼 지상주의가 권력 있는 자들이 함께했고, 교육청이나 관리자들이 이 문제 해결의 전면에 나서지 않고 모호한 문구 뒤에 숨는다'고 지적하고 있다. 민원을 키운 원인을 학부모 탓으로만 돌릴 수 없는 이유이다.

민원을 세게 내면 승리한다는 '잘못된 학습 경험'을 심어 줘서 결과적으로 학부모 민원을 점점 키운 책임에서 교육청도 자유롭지 못하다. 학생 배정 문제의 경우에 교육청은 '학부모 만족도가 높다', '통학 거리가 멀어진다', '집값이 떨어진다고 항의하면 어떻게 대응하냐' 등의 논리 뒤로 숨는다. 학부모들은 자신의 민원이 받아들여졌으니 만족도가 높을 수밖에 없다. 작은 학교의 적은 수의 학부모 목소리는 다수가 주도하는 만족도라는 괴물에 묻혀 소외되어 버린다. 거리가 멀다는 것이 서울은 대부분 걸어서 5분 내외 정도의 거리라 문제 될 게 거의 없다. 오히려 거리 기준에 대한 적용이 이현령비현령으로 일관되지 않다. 한 예로 아파트단지 내에 있는 학교의 경우, 학교를 둘러싼 아파트 거주 학생들을 우선 배정한다. 그 결과 아파트단지 외 학생들을 아파트단지 반대편 학교로 멀리 배정하면서 별다른 설명조차 없다. 이 또한 철저하게 소외당하는 약자의 모습인데 교육청이 앞장서는 꼴이다.

　학생 배정 불균형에서 생기는 여러 문제 중에 가장 심각한 것은 교육청이 내세우는 가치와 배치된다는 점이다. 서울시교육청은 그동안 '다양성이 꽃피는 공존의 혁신 미래 교육'을 지향했고, 작년 교육감이 바뀌면서 '미래를 여는 협력 교육'을 내세우고 있다. 공존과 협력은 서로의 만남이 선행되어야 한다. 사상가 마르틴 부버는 '만남이 교육에 선행'하며, 사람은 '너'를 통해 진정한 '나'를 완성한다고 하였다. 어릴 때부터 같이 생활하며 서로를 이해하고 함께 살아가는 방법을 경험해야, 공존과 협력의 가치를 제대로 배울 수 있다. 학교에서 다양한 배경의 사람들이 함께 어울려 사는 것을 배우는 통합 교육이 이루어져야 하는 이유다. 그런데 현재 실상은 골목 하나를 사이에 두고 점점 더 보호자의 생활 수준에 따라 학생 배정이 극단적으로 나누어지면서, 계층 분화가 심해지는 방향으로 가고 있다.

　오류중학교와 인근 학교를 사례로 보면, 오류중학교는 2024학년도 현재 일반 14학급, 300여 명이다. 인근 K중학교는 일반 31학급, 800여 명이다. 학교 공간은 오류중학교가 훨씬 넓고 쾌적하고 남아서 사용하지 않고 잠겨 있는 공간도 많다. 반대로 주로 아파트단지 학생이 배정된 k중학교는 공간이 매우 협소해서 학생회실이나 동아리실은 커녕 교과수업을 위한 특별실도 부족하다. 통학 거리는 별 차이가 없다. 학교나 교육청 모두 학생 배정 조정의 필요성을 알면서도 학부모 민원이 걱정되어 개선하지 못하고 있다.

이런 학생 수 불균형으로 인해 발생하는 문제는 매우 심각하다. 가장 심각한 문제점은 교육기관인 교육청과 학교가 전혀 교육적이지 않은 방식으로 학생 배정을 하고 있다는 점이다. 다양한 배경의 사람들이 함께 어울려 사는 것을 배우려면 어릴 때부터 통합 교육이 이루어져야 한다. 그런데 현재 실상은 보호자의 생활 수준에 따라 학생 배정이 이루어져 계층 분화가 심화되는 방향으로 가고 있다. 이러한 학생 배정에 따라 학생 낙인감, 작은 학교 교사들의 업무 부담 등 여러 가지 문제가 연계되어 발생한다.

학생 배정 문제는 교육청 수준에서 해결 가능하고 반드시 해결해야 할 문제이다. 교육기관인 교육청은 부동산업자들이 주무르는 '집값 신화'와 이에 휘둘리는 학부모의 민원에서 벗어나야 한다. 교육적 원칙을 기준으로 삼아 학부모를 설득하고, 지역의 협력을 구하는 노력을 적극적으로 실행해야 할 책임은 전적으로 교육청에 있다. 가장 큰 책임은 교육청을 총괄하며 인사권자인 교육감에게 있다. 이를 위해 교육감은 그것을 실현시킬 수 있는 관료와 교육장을 임명해야 한다. 그리고 지금과 같은 짧은 주기의 '자리 누리기' 식 '회전문 인사'로는 불가능하다.

구호로 그치는 통합 교육과 협력 교육이 아니라, 학생들이 어릴 때부터 삶 속에서 체득하는 교육이 되기 위해서는 교육청의 인사 혁신부터 되어야 하는 이유이다.

6

학교별 격차가 큰 중등 교원
인사 발령

교사순환제의 도입 배경 및 개선 방향

공립학교 교원은 주기적으로 학교를 옮겨야 한다. 서울 중등의 경우 교장·교감은 4년, 교사와 공무직원은 5년, 행정실은 2년 주기로 전보 발령을 한다. 평소 나는 공립학교의 순환근무제의 짧은 근무 기간은 장점보다 단점이 더 많다고 주장해왔다. 순환 근무의 대표적인 장점으로 거론되는 점은 학교 간 순환으로 교원의 질을 어느 정도 균질하게 유지할 수 있다는 점이다. 그러나 이런 장점에 비해 문제점은 너무 많다.

민들레 현병호 발행인이 '교사순환제의 명암'에서 순환제 근무에 따른 우리 교육의 여러 문제점을 뼈아프게 지적하였다. 지역에 안착하지 않는 '따로국밥 교사'로, 교원단체나 교사들이 순환근무제 때문에 생기는 학교 교육의 어려움은 별 관심이 없고 선호 지역으로 가기 위한 통로로 이용하는 점, 문제 교사를 뺑뺑이 돌리며 교사 직업 안정성을 높이는 효과로 이용하고 있다는 점 등이다. 게다가 이런 교사순환근무제의 시작이 일제의 불순한 의도에서 도입되었다는 설이 유력하다는 점은 가히 충격적이다.

　이러한 순환근무제가 처음 도입된 것은 근대교육이 시작된 이후 일제 강점기에 한 학교에 오래 근무하는 교사가 지역주민들과 끈끈한 유대관계를 맺고 민족교육을 하는 것을 방지하기 위해서라는 설이 유력하다. 근대 학교의 표준화교육 시스템은 교사가 전국 어느 학교를 가든 아무런 문제 없이 교육할 수 있는 토대가 되었다. (현병호, 2023. 2. 27.)

　현병호는 이 글에서 교육 자치가 강한 나라에서는 순환근무제가 존재하지 않는다는 점, 핀란드는 교사를 고향이나 연고지에 발령을 내는 것이 원칙인데 이것은 교사들이 더 책임감을 갖고 교직에 임하게 되기 때문이라고 주장한다. 이어 "자기가 살고 있는 지역에 대한 애착심 없이는 민주주의의 뿌리도 허약할 수밖에 없다"며, 최소 10년 이상 한 학교에서 아이들의 성장을 지켜보는 것이 교사의 성장에도 더 도움이 되는 길이라고 주장하고 있다.

　현병호의 의견에 적극 동의한다. 교육 관련 해외 영화를 보면 교장이나 교사가 한 학교에서 계속 근무하면서 장기적인 호흡으로 변화를 만들어내는 모습이 그려질 때가 많다. 2019년 공모 교장으로 교장 발령을 받은 후 교장 자격 연수를 받게 되었다. 해외 연수로 영국 런던 시내에 있는 중고등 과정 학교를 방문했는데, 건물 출입구 위쪽 돌판 벽면에 'Principal ○○○○'라는 이름이 떡하니 새겨져 있는 것을 보고 다들 많이 놀랐다. 건물 외벽 돌판에 교장 이름을 새긴 것도 놀라웠지만 이 사실로 미루어볼 때 교장이 이 학교에 매우 길게 근무할 거라는 생각이 들었기 때문이다.

혁신학교의 고민 중에 가장 큰 부분도 학교 혁신 추진과 운영에 대한 안정성과 지속성이다. 그래서 외부의 '내로남불'이라는 비난을 받으면서도 뜻을 같이 할 교사를 데려오거나 근무 기간을 늘릴 방안을 찾고 교육청에도 적극 요구한다. 필자 또한 오류중학교에 근무한 지 5년 차에 혁신학교를 시작해서 혁신부장을 맡았는데, 1년 더 근무하며 혁신학교를 정착시켜 보자는 동료들의 강력한 요청을 받아들여 그간의 소신을 접고 1년을 더 유임했었다.

교장으로 부임한 이후에는 2019년 9월 미래학교로 지정되면서 미래학교의 경우 모든 교사를 100% 전입 요청할 수 있다는 제도를 적극 활용하였다. 그렇지 않고는 장기적인 관점에서 긴 호흡으로 만들어가야 하는 학교의 비전을 유지하고 발전시키는 일이 어렵기 때문이었다. 특히 서울의 혁신학교는 그 취지에 따라 대체로 교사들이 선호하지 않는 어려운 지역의 학교가 많이 선정된 상황이라 교사 배정에 대한 어려움이 더 크다. 그런데 중등의 경우 교사 전보 시 교사 희망을 우선으로 배정하고 있어서 학교가 위치한 여건에 따라 교사 경력, 정규 교사 비율 등에서 큰 차이가 있기 때문이다.

교장이 된 후 교육청에 현재의 중등교사 전보 제도의 문제점에 대해 계속해서 문제 제기해왔다. 그러나 교육청은 교원단체가 반대하니 어렵다는 말을 몇 년째 되풀이하면서, 교장님이 열심히 노력해서 학생들이 오고 싶어 하는 학교로 만들어보시라는 말만 반복했다. 이런 생각은 교육 행정으로 학교를 지원해야 할 책임이 있는 교육청으로서 무책임한 태도라 생각한다. 학교 교육 활동에 최선을 다하는 것은 교장의 당연한 책무이다. 교육청은 정책과 제도로 학교를 지원해야 할 책임이 있다. 신자유주의적이고 시장주의적인 태도로 모든 것을 학교로 떠넘기면, 행정기관인 교육청의 역할은 도대체 무엇이라 생각하는지 질문할 수밖에 없다.

교사 전보 실태 및 개선 방향

학생 배정 불균형과 격차가 심한 것과 마찬가지로, 교원 배치도 불균형 문제가 심각하다. 이의 개선을 위해 교장이 된 후 꾸준히 교육청에 문제를 제기했고, 교육청에서 근무하게 되면서 적극적으로 교사 전보 관련하여 문제 해결을 위해 노력했다. 그간 교육청도 개선 필요성에 충분히 공감하고 있으나, 교원단체 반대 등의 현실적 어려움이 커서 고심이라는 이야기를 들어왔다. 그래서 교원단체에도 개선의 필요성에 대해 여러 차례 의견을 개진했었다.

초등은 교원의 거주지를 주요 기준으로 삼아서 전산 배치를 하고 있다. 교사 격차가 생겨도 일시적이라 학교 운영에 큰 문제가 되지 않는다. 그러나 중등의 경우는 교사 희망 학교를 우선으로 배치하고 있다. 이로 인해 소위 선호 학교와 비선호 학교 간에 교원 경력, 정규 교사 비율 등에서 격차가 크고 고착화되어 있다. 선호 학교와 비선호 학교의 특징은 학생들의 사회경제적 배경이 주된 요인이다. 어려운 지역의 학생들은 학습 의욕이나 생활교육, 돌봄 등이 취약한 경우가 상대적으로 많아 학생 지도에 어려움이 크다. 이런 학교일수록 경험도 많고 역량 있는 교사가 안정적으로 더 많아야 하지만 현실은 정반대이다.

2023년에 관내 중등 정규 교사 전보 발령 결과를 보면 선호 학교인 S 중학교는 평균 연령 47.4년 경력 21.8년인 반면, 비선호 학교인 O중학교는 평균 연령 36.0, 경력 10.7년이었다. O중학교는 관리자나 한두 명의 고경력 교사를 제외하면 평균 연령이 30대 초반이다. 신규 교사와 미발령 교사 비율이 전체 교사의 반이 넘는다. 아래 자료는 2023년 1월 교육청과 교원단체에 교사 전보 개선을 제안하기 위해 작성한 자료 중 일부 내용인 관내 학교 사례이다.[4]

※아래 사례는 남부교육청 관내 2개의 학교의 사례일 뿐이지만 이런 현상은 서울 모든 지역도 같은 문제를 있는 것으로 판단됨.

〈A중학교 사례〉 교장 작성

1. A중은 2024년 2월 현재 교장 교감 포함 42명의 교사로 구성
2. 본교 근무 4년 이상인 교사 중 92년생 이하 저경력 교사는 13명 (92년생 2명, 93년생 2명, 95년생 4명, 96년생 3명, 98년생 2명)으로 30% 정도
3. 본교 근무 기간제 교사는 15명으로 전체 36% 정도
4. 2023년 운영된 부장 중 기간제 교사 4명(생활지도부장, 과학정보부장, 1학년부장, 3학년부장)이고, 2024년 운영될 부장에는 교무부장도 기간제 교사 예정
5. 50대 이상의 교사 중 2명이 명퇴 신청, 다른 분들은 건강상의 문제로 비담임 및 담임 업무만 고수
6. 기간제 교사를 미리 예정해 두어도 학교 여건이 더 좋은 다른 학교로

---

4) 홍제남(2024.2). 중등 교사 전보 방식 개선 제안.

가는 사례가 너무 많음.

7. A중으로 오는 청간 전보 대상자나 전보 대상자들도 자존감이 없음.

(재수가 없어 이곳까지 왔다는 느낌~~)

〈B중학교 사례〉 교감 인터뷰

1. 교사 희망 방식의 전보가 예전 교육청과 학교의 권위주의 풍토 속에
   서 있었던 비합리적인 전보 방식을 개선하고자 하는 차원이라 이해
   하고 있음

2. 그 결과 현재 교사 희망을 중심으로 교사 전보가 이루어지고 있음

3. 그로 인해 학교별 편차가 많이 벌어지고 있고 서울 전체적인 문제로
   생각됨

4. B중학교는 현재 근무하는 정규 교사의 50%가 본교에 신규 교사 배
   정자임

* 남부 관내: C중학교, D중학교, E중학교, F중학교, 오류중학교 등도
   비슷한 어려움을 겪는 것으로 판단됨.

경력 교사가 적은 학교는 업무 분장과 학생 생활 교육, 학부모 대응
등의 여러 부분에서 어려움을 겪고 있다. 반대로 경력 교사들이 주를
이루는 학교는 변화에 대한 기존 관성이 커서 교육 혁신에 어려움을 겪
고 있다.

교사 희망을 우선하는 방식은 기존의 권위적인 교육 조직 문화 속에
서 교육청이나 교장이 개입하여 교사 발령이 왜곡되던 점을 극복하고,

공공성과 공정성을 담보하기 위해 교사들의 요구가 반영되도록 한 것이다. 예전에 공정한 교사 전보를 위해 도입된 방식이 이제는 교원 배치의 공공성을 오히려 왜곡하고 있는 실정이다. 현실에 맞게 개선되어야 한다. 혁신학교정책이 시작된 이후 많은 학교와 교사들은 그간 터부시되던 전보 유예, 전입 요청, 초빙 제도를 적극 활용하고 있다. 절차도 학교 인사자문위원회, 학운위를 거치고 있어서 교장 독단으로 결정하기 어려운 시스템이다.

혁신 교육의 핵심 요소인 교사학습공동체도 다양한 경력을 가진 교사들로 구성되어 있을 때 서로 더 잘 배울 수 있다. 후배 교사는 선배 교사의 교육 노하우를 배우고, 선배 교사는 후배 교사로부터 새로운 역량을 배우는 교사학습공동체에서 더욱 집단지성이 꽃을 잘 피울 수 있다. 학생들 또한 여러 세대의 교사들과 만날 때 다양한 관점과 경험을 배울 수 있는데, 그 기회를 교육청과 교사들로부터 원천적으로 배제당하고 있는 상황이다.

그간 우리나라 공립학교 교원 순환 방식은 지역이나 여건에 제한받지 않고 공교육의 질을 담보하는 역할을 보장하는 제도적 장치로 평가받아 왔다. 이 취지에 맞게 학교별 교원 배정 격차가 발생하지 않게 고른 연령대의 교사가 함께 근무할 수 있는 방향으로 개선해야 한다. 개선 방안으로는 이미 안정적으로 시행되고 있는 초등의 경우와 같이, 학교 희망이 아닌 교육청 희망을 받은 뒤 거리를 주요 기준으로 하여 전산 전보로 배정하면 된다. 초등은 대부분 1지망 희망 교육청에 배치되고 있다. 초등처럼 전산 배정을 하는 것에 대해 반대하는 측에서 내세우는 중등의 교과 문제는 다른 사례로 보면 전혀 문제 되지 않는다. 현재도 중등 교사가 희망하는 관내 교육청에 대부분 배치되고 있다. 초등의 경우에 소수 교과인 보건, 영양, 사서 교사도 별다른 문제 없이 배치하고 있다. 중등의 교사 희망 우선의 배치 원칙을 개선하여 학교의 공공성과 안정적인 운영을 보장하는 방향으로 속히 개선할 것을 제안한다.

사회적 약자를 먼저 배려해야 하는 교육적 대원칙의 측면에서도 거주지나 차량 등에서 사회적 약자인 신규 및 기간제 교사를 배려할 필요가 있다. 현재 기존 교사가 희망하지 않는 비선호 학교는 신규 교사를 무조건 배치할 수밖에 없어서 원거리 발령이 많다. 이들은 별도의 주거비 지출이나 출퇴근에 어려움을 겪다가, 1·2년 짧게 근무하고 원거리 내신으로 학교를 뜨고 있다. 그리고 그 자리엔 다시 신규 교사가 배치되는 악순환이 계속되고 있다.

서울시교육청의 중학교 교사 전보 계획을 보면 여러 상황을 고려하여 "학교별로 가급적 교사의 연령, 남녀 비율 등을 고려하여 학교 운영을 지원하는 방향으로 교사를 배치한다"고 나와 있다.

※〈참고자료〉
가. 전보 배치 기준-2023학년도 중학교 교사 전보 계획
1) 교사의 전보는 교과별 수급 상황, 전·현임교 근무 여건, 통근 거리, 본인의 희망, 교육 경력 등을 고려하여 배치한다. 단, '통근 거리'는 해당 과목 전보 대상자 모두의 통근 거리를 고려하여 배치함을 의미한다.

2) 교육정보시스템(NEIS)의 전보 프로그램을 활용하여 전산 배치할 수 있다.

3) 전보 프로그램을 활용하기 위하여 별도의 세부 계획을 수립하여 시행한다.

4) 직전 근무 학교로의 전보는 가급적 피한다.

5) 학교별로 가급적 교사의 연령, 남녀 비율 등을 고려하여 학교 운영을 지원하는 방향으로 교사를 배치한다.

교육청과 교원단체는 시대의 변화를 반영하여 공공재인 모든 학교에서 교육 활동이 원활하게 이루어지는 방향으로 교사 전보 제도를 개선해야 한다.

| 7 |

문제 교사 '폭탄 돌리기'
멈춰야[5]

2025년 2월 10일 꿈 많은 어린 초등학교 1학년 학생 하늘이가 학교에서 교사에 의해 살해되었다. 여전히 가슴이 먹먹하다. 책을 주겠다는 교사의 말을 믿고 따라갔을 하늘이를 생각하면 이 사회에 살고 있는 어른으로서, 또 교육자로서 어떤 말로도 용서를 구할 수가 없다. 교육자로서 깊이 사과드리며 부모님의 절실한 바람대로 다시는 이런 일이 발생하지 않을 대책이 마련되어야 한다.

정도의 차이는 있지만 꽤 많은 학교에 '문제 교사'가 있다. 이들로 인해 학교 구성원 모두는 괴로운 시간을 감내하고 있다. 문제 교사가 배정된 학교는 말 그대로 폭탄이 떨어진 것 같은 상황들이 1년 내내 벌어지기 때문이다. 새 학년 초 업무 배정 때 문제 교사에게는 담임은 물론이고 교무 행정 업무도 맡기가 어려운 상황이라 다른 교사들이 울며 겨자먹기 식으로 떠맡게 된다. 규모가 작은 학교의 경우에는 이로 인한 다른 교사들의 업무 과중 정도는 더 심각해진다. 초등학교의 경우엔 교과 전담을

---

5) 이 글은 〈더에듀〉에 실린 [홍제남의 진짜교육] '막았어야 할' 하늘이의 죽음, 교육당국의 실행 의지 문제, 2025. 2. 23.자 칼럼을 다듬어 다시 썼다.

맡기는데 해당 수업 활동 또한 정상적으로 진행되기 어렵다. 결국 학생들이 가장 큰 피해를 입게 되고 이로 인한 학부모의 민원 또한 심각하다.

학교는 교육청과 교육당국에 이런 문제 교사에 대한 근본적인 해결을 계속해서 요구해 왔다. 부적격교사 문제를 해결하고 교원능력을 개발한다며 도입한 교원 평가나 성과급 제도는 학교 현장에서 교사 간 갈등을 부추기고 교권을 추락시키는 요인으로 작용해 오히려 학교를 더 황폐화시켰다. 해결되지 않은 '문제 교사' 건으로 인한 어려움은 여전히 학교의 구성원들이 감당하며 모든 고통을 감내하고 있다. 학교에서 할 수 있는 최선의 현실적 해결책은 최대한 빠르게 다른 학교로 '폭탄 돌리기'를 하는 것이다.

학교 구성원과 교육청 모두 알고 있는 심각한 문제인데 해결되지 않은 이유와 해결 방안은 무엇일까?

첫 번째로, 현실적 대응에서 가장 큰 문제는 교육청과 교육부의 안이한 탁상공론적 대응 태도이다. 교사는 어린 학생들을 교육하는 사람이므로 더 신속하고 단호하며 실효적인 대응을 해야 한다. 그러나 '내 손에 피 묻히기' 싫은 심정에서 적극적으로 대응하지 못하는 경우가 너무 많다.

게다가 담당자의 담당 업무 근무 기간이 대부분 1년 내외로 짧은 점은 이런 현상을 더욱 악화시키는 요인이 되고 있다. 이에 더해 대응 과정에서 형식과 절차를 지나치게 중요하게 생각하는 관료적 풍토는 신속하게 대응하지 못하게 만드는 요인으로 작용한다. 이번에 대전 하늘이의 죽음이 더욱 안타까운 이유이다.

어떤 교사가 '심각한' 문제 교사인지 여부를 가장 잘 알 수 있는 사람들은 학교에서 같이 생활하는 학교 구성원들이다. 교육청은 학교 구성원의 문제의식을 진지하게 받아들여 절차적 형식주의에서 벗어나 실제적인 대응이 이루어지도록 조치해야 한다. 하늘이의 죽음은 어쩌면 미리 막았어야 할 '예견된 참극'이 현실로 나타난 것일지 모른다. 소위 '폭탄' 교사의 '폭탄 돌리기'는 학교에서 해결하기 어려운 고질적 문제이다. '폭탄 돌리기'는 자신이 있는 곳에서 폭탄이 터지지 않기를 바랄 뿐 언젠가는 터질 수밖에 없다.[6] 이러한 '문제 교사'가 만들어진 원인과 양상은 개인적 요인부터 사회적 요인까지 다양할 것이다.

정부가 이번 사건을 계기로 추진 중인 '하늘이법'은 더이상 문제 교사를 '폭탄 돌리기' 하지 않도록 학교와 교육청 간의 신속하고 긴밀한 논의를 전제로 심각한 경우 즉시 분리 및 직권면직 등의 조항을 포함해야 한다. 더불어 형식적인 설치에 그친 각 시도교육청의 질환교원심의위원회를 실질적으로 운영하여 '폭탄 돌리기'식의 임시방편이 아닌 해당 교사와 학교 구성원의 고통을 실제로 해결할 수 있어야 한다. 이와 함께 시급한 경우 담당자의 신속한 판단과 실행이 용이하도록 사후 결재 등으로 처리할 수 있는 시스템도 마련되어야 한다.

둘째, 근본적이며 가장 중요한 문제는 예비 교사 양성과 교사임용제도이다. 바쁠수록 돌아가라는 말이 있다. 교사라는 직업은 어린 학생들을 가르치는 특별한 일을 하는 사람이다. 교사는 어린 학생이 성장할 때 가장 많은 시간을 보내는 학교에서 학생들에게 큰 영향을 미치는 존재이다. 그만큼 교사 임용은 엄격하고 신중하게 이루어져야 한다.

---

6) 학교에서 여러 어려움을 발생시키는 교사를 일반적으로 통칭하는 '문제 교사'로 기술함

그러나 현재 우리나라의 교사임용제도는 학교에서 학생들을 직접 가르치는 데 필요한 역량보다는 지적 능력인 교과 지식이 주된 평가 요인이다. 예비 교사 때 받는 1개월의 짧은 교생실습만으로는 현장에 필요한 교사 역량을 기르기는 어렵다.

최근 인근 학교에서 1년 전에 채용된 한 신규 교사 때문에 학교 구성원들이 많은 어려움을 겪고 있다는 사실을 들었다. 고통을 감내해야 하는 해당 학교 구성원들에 대한 안타까움과 함께 우리나라 교사임용제도의 실상을 보는 듯하여 답답하고 씁쓸했다. 신규 교사 임용 전에 당연히 제대로 양성하고 평가했어야 할 문제 아닌가?

일본이나 독일, 미국 등 다른 나라는 1년 이상의 임상 실습이 가능한 인턴 기간을 거치고 있다. 일본의 경우 채용하는 날로부터 1년간 교사의 직무 수행에 필요한 사항에 관한 실천적인 연수(초임자 연수)를 실시해야 하는데 초임자 연수 제도는 교사에 대한 조건부 채용 내지는 교사 인턴제도라 할 수 있다.

독일의 경우 더욱 엄격한데 3년 이상 현장 적응 능력을 중시한 1, 2차 시험을 거쳐 교사로 임용되며 이후에는 철저하게 공무원으로서 신분 보장을 받고 있다. 독일의 이러한 제도적 뒷받침은 교사의 질을 향상하는 데 큰 역할을 하였고, 독일이 교육을 비롯한 여러 분야에서 뛰어난 제도를 가질 수 있는 밑바탕이 되었다고 평가받고 있다. 미국 또한 주에 따라 조금씩 다르지만 1년 정도의 인턴십 과정을 거쳐 정식 교사로 인정되며 인턴 과정은 경력으로 인정받고 있다.[7]

---

7) 교육문화연구소 https://www.edulabkorea.com/

우리도 지금과 같은 교과 지식 위주의 경쟁적 임용시험에서 벗어나 교사 양성과 선발 과정에서 현장 교사로서의 역량을 충분히 갖춘 후 정식 교사가 될 수 있도록 개선하는 노력을 함께 기울일 필요가 있다.

셋째, 학교 관리자, 교육청과 교육 당국은 교사들의 심신의 건강 상태를 세심하게 살피고 이에 맞는 구체적이고 실효적인 정책을 세울 필요가 있다. 교육단체의 조사에 의하면 서이초 사건 이후에도 교사들은 여전히 업무 요구 스트레스가 매우 심각한 것으로 나타났으며, 여러 심리적 어려움에 처한 교사들의 수가 크게 늘어나고 있는 실정이다.[8][9]

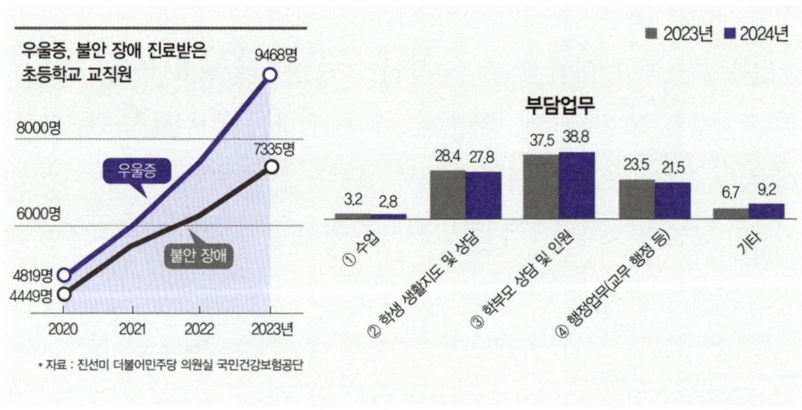

교육희망(2024. 9. 4.)

교사 본연의 역할인 교육 활동 이외에 과도한 업무와 학부모 민원 등의 어려움으로 인한 스트레스에서 벗어나 교사 본연의 소임인 교육 활동에 집중할 수 있도록 하는 근본적인 대책과 해결 방안이 마련돼야 한다.

---

8) 우울증으로 병원 진료 초교 교직원 3년새 2배. https://www.chosun.com/national/education/2025/02/12/G726IOL5X5BM5KUN5CCSEMRUEM/

9) 교사 마음 건강 여전히 '적신호' https://news.eduhope.net/26375

| 8 |

교사임용시험과 기간제 교사,
어떻게 최고 교사를 선발하는가?

2014년, 오십이 다 된 나이에 뒤늦게 교원대학교 대학원 석사 과정에 진학했다. 이렇게 늦은 나이에 대학원에 진학한 이유는 두 가지였다. 먼저 2000년 교사가 된 후 한 번도 쉴새 없이 달려온 생활에 지쳐있어서 충전이 필요하다고 생각했다. 두 아이를 모두 출산하고 교사가 되어서 출산휴가도 불가하고 자율연수휴직도 당시에는 없던 시기여서 충전할 시간을 가질 방법이 없었던 차에 대학원 파견 공문을 보고 지원했다. 두 번째 이유는 오류중학교에서 혁신학교를 맡아 추진하는 과정에서 이론과 실제를 잘 꿸 수 있는 교사 연구자의 필요성을 크게 느꼈기 때문이다.

교원대에 진학 후 교원대가 교사 교육에서 매우 이상적일 수 있다고 생각했다. 유치원부터 초등, 중등 모두 교사를 양성하고 있었고 대학원 파견 제도로 전국에서 많은 교사가 교사 교육이 이루어지고 있는 곳이었다. 교원대는 서울을 제외한 모든 시도교육청의 교장 자격 연수 또한 진행하고 있어서 교원대학교라는 학교 이름에 걸맞게 다양한 교육이 이루어지고 있었다(교육의 질은 논외로 한다).

그런데 안타까운 일이 있었다. 학부생들이 학생회를 구성하지 못하고 있었다. 필자는 석사 과정을 하면서 파견 교사 재교육의 실태에 대한 문제 의식을 가지고 대학원학생회를 조직하고 관련 공개 토론회를 추진했다. 이 과정에서 학부학생회와 논의하고자 했으나 만날 수가 없었던 것이다. 학생회장은 2학년생이 맡기로 되어있는데 아무도 지원자가 없었다고 했다. 3학년도 아닌 2학년이 맡는 이유는 임용고시 준비 때문이라고 했다. 그런데 2학년도 이미 임용고시에 대한 부담감으로 다른 활동을 멀리하고 임용고시 준비에 돌입하는 분위기 때문에 학생회를 구성할 수 없었다고 한다.

임용고시는 1990년 헌법재판소의 국립대 졸업생 의무 발령에 대한 헌법재판소의 위헌 판결로 만들어졌다. 그러나 근저에는 교사 수요보다 공급이 지나치게 많아지면서 임용 적체 현상이 심각해졌기 때문이다. 이로 인해 예비 교사 양성 과정은 질적으로 달라질 수밖에 없었다. 기존의 국립대 의무 발령 시기와 다르게 치열한 경쟁 시험을 앞둔 사범대학생들의 최종 목표는 임용고시에 합격하는 것이었다. 치열한 경쟁 과정을 거쳐 대학에 들어온 예비교사들은 또다시 치열한 경쟁 시험을 거쳐야 교사가 될 수 있었다. 중등의 경우 2025년 평균 경쟁률은 7.7:1에 달했다.

자조적인 말로 교사는 노량진에서 만들어진다고 한다. 임용고시를 준비하는 고시생 중에 노량진 학원을 직간접적으로 거치지 않고 합격한 학생이 얼마나 될지 궁금하다. 이런 높은 경쟁률로 인해 단번에 임용고시에 붙는 경우는 많지 않다. 주변에서 보는 신규 교사를 보면 재수나 삼수가 기본이고 시험에만 전념했을 경우가 대부분이다. 별도의 경제활동 없이 시험에 전념할 수 있으려면 가정적인 뒷받침이 되어야 가능하다. 그렇지 않은 경우라면 기간제 교사나 강사로 근무하면서 임용고시를 준비하는데 합격 가능성은 그만큼 낮아질 수밖에 없다. 그렇게 시간이 지나면서 임용고시를 접고 기간제교사로 생활하는 경우도 적지 않다.

　필자는 대체로 어려운 지역의 학교에서 근무했는데 그래서인지 기간제 교사의 비율이 다른 학교보다 대체로 높았다. 함께 근무한 경력 있는 기간제 교사의 역량은 정규 교사보다 절대 부족하지 않다. 오히려 더 뛰어난 경우도 많다. 학교에서 기간제 교사를 채용할 때는 공정한 절차를 거치지만 같은 지역의 경우엔 평판을 직접간접으로 듣기도 한다. 즉 다른 학교에서 이미 역량이 '검증'된 기간제 교사들이 교육청 인력풀에 등재되고 평판 또한 참조하기 때문에 선발에 실패할 확률이 거의 없다. 간혹 지역을 멀리 옮겨서 지원하는 경우 예외적으로 어려움을 겪기도 하는데 이런 비율은 극히 낮다.

　2017년 기간제 교사의 정규직 전환 문제가 사회적으로 큰 이슈가 되었다가 결국 '기간제 교사는 정규직 전환에서 제외'하는 것으로 정부에서 공식 발표하며 끝난 적이 있다. 시작은 문재인 전 대통령이 후보 시절 공약으로 '공공부문 비정규직 정규직 제로' 정책에서 촉발되었다. 그러나 임용고시를 준비하는 예비 교사들과 교원단체의 반대로 실현되지 못했다. 당시 기간제교사연합은 이런 결과에 대해 성명를 통해 "보수적 교원단체인 한국교원단체총연합회가 정규직화 반대 서명을 받는 상황에서 전교조마저 정규직화에 반대한 것에 실망감과 분노를 감출 수 없다"고 밝혔다.[10]

　당시 필자는 원칙적으로 기간제 교사 정규직화 전환에 동의했었고

---

10) 기간제교사연합 "'정규직 전환 반대' 전교조 결정 유감" https://www.yna.co.kr/
　　view/AKR20170826036200004(2017. 8. 26.)

지금도 그 생각에 변함이 없다. 교사가 되는 방법이 반드시 임용고시라야 하는지에 대한 의문이 들기 때문이다. 그 근원에는 현재의 임용고시 제도가 교사 역량을 제대로 평가하고 있는가와 더불어 진짜 모두에게 공정한 제도인가에 대한 물음도 같이 있다.

현재의 임용고시는 실제 수업 역량이나 교사의 자질을 제대로 평가하기 어렵다. 지식 위주의 시험에다 수업 시연 또한 연기에 가까운 수준으로 이루어지기 때문에 실제 교실에서의 다양한 상황에서 진행하는 수업과는 전혀 다른 조건이다. 교사로서의 자질 또한 임용고시 과정에서는 전혀 파악할 수 없다. 실제 학교 현장에서 신규 교사가 배정되었을 때 당혹스러운 경우가 매우 많은 현실이다.

이런 상황에서 학교 현장에서 실질적인 교육 경험 속에서 교육 역량이 검증받은 기간제 교사가 정규직으로 전환되는 방식을 교사 임용의 또 다른 트랙으로 진지하게 고려될 필요가 있다고 판단된다. 이것이 공식적인 교직 진입 경로로 자리잡는다면 모든 예비 교사가 임용고시에 도전하지 않고 기간제 교사로 근무하면서 실질적인 인턴 과정을 거치는 동안 교사로서의 자신의 적성도 살필 수 있는 장점도 있을 것이다. 즉 교직에 입문하는 경로가 다양화되는 것으로 단점보다는 장점이 더 많을 것이라 생각한다. 공정성의 문제에 있어서도 재수 삼수의 여력이 없는 예비 교사의 경우에는 공정하게 실력으로 교직에 입문하는 방법이 될 수 있다고 생각한다.

애초에 주어진 조건이 불공정하다면 그 여건에 맞는 다른 경로를 만들어주는 것이 진정한 공정함은 아닐지 우리 모두 공정성의 기준점에 대한 성찰이 필요한 문제라 생각한다.

교사, 전문직, 교장은 역할인가?
승진인가?

필자는 평소 교장 4년의 임기도 길지 않다고 생각해왔다. 1년 차는 이미 수립되어 있는 교육 과정이기도 하고 학교의 모든 것이 낯설어서 익히고 관계를 형성하는데 필요한 시기이다. 2년 차에 새로운 비전을 제시하고 시행한다 해도 안착이 되기는 어렵다. 3년 차에 좀 더 안정적으로 운영하고 나면 이제 마지막 해인 4년 차가 된다. 4년 차에는 이듬해에 다른 곳으로 이동해야 해서 새로운 일을 기획하거나 실행하기는 어렵다. 이렇게 보면 4년을 충실하게 근무해도 2~3년 차에 약간의 일을 할 수 있는 정도이며 장기적인 관점에서 안정적으로 학교 개혁의 로드맵을 제시하고 실천하기에는 한계가 명백하다. 그런데 현실은 그나마 4년을 한 학교에서 근무하는 교장이 그리 많지 않은 현실이다.

필자가 19년 평교사로 근무하는 동안 너무 많은 교장과 함께했다. 교장이 한 학교에 근무할 수 있는 기간이 4년인 것에 비해 훨씬 더 많은 숫자다. 만난 교장들의 평균 기간은 1년에서 1.5년이다. 오류중학교 경우를 보면 6년간 근무하면서 다섯 명의 교장과 근무했는데 평균 1.2년이다. 이렇게 짧게 근무하게 된 사연은 다양하다.

첫 번째 교장은 정년이 6개월 남은 분이었고, 두 번째 교장은 1년 근무 후 더 좋은 학교를 찾아 '영전'해 갔다. 세 번째 교장은 전문직 출신인데 2년 근무 후에 다시 교육청으로 '영전'해 갔다. 네 번째 교장도 2년 근무 후에 고등학교로 역시 '영전'해 갔다. 다섯 번째 교장은 정년을 1년 반 남기고 교장 발령을 받았는데 6개월 근무 후에 필자가 다른 학교로 이동했다. 5명의 교장과 평균적으로 1.2년을 같이 근무한 것이다. 오류중학교가 어려운 지역의 학교라서 그런지 더 심했나 싶기도 하지만 다른 학교도 질적으로 별 차이가 없다. 안정적으로 4년을 채우는 교장들이 특별한 게 현실이다. 학부모들은 수시로 교장이 바뀌는 것에 대해 불만이 많다. 그저 '뜨내기'처럼 잠시 거쳐 가는 교장이 학교 발전을 위해 할 수 있는 일이 거의 없다는 것은 자명한 사실이기 때문이다.

이런 현상이 벌어지는 근본적 이유는 교장이 되는 방식 때문이다. 교장은 교사에서 승진하는 것으로 교사-교감-교장으로 이어진다. 보통 교장과 교감을 관리자로 칭하는데 관리자가 되는 방법은 크게 두 가지 방법이 있다. 교사를 하면서 '착실히' 승진에 필요한 점수를 모아서 교감이 되고 또 점수를 모아서 교장이 되는 방식과 전문직 시험을 봐서 장학사가 된 후 교감-교장으로 승진하는 방식이다. 두 경우를 학교 코스와 전문직 코스라고 일반적으로 지칭한다.

학교 코스는 학교에서 수업하는 교사에서 교감으로 승진하는 경우로 보통 전문직을 거치는 전문직 코스의 경우보다 시간이 더 오래 걸린다. 챙겨야 할 점수도 더 많은데 교장이 권한을 가진 경우가 많아서 교장에게 잘 보여야 한다. 특히 연말에 하는 근무평정은 잘 받지 못하면 승진이 어렵다. 그래서 술자리 등 하기 싫은 일도 참고 견디며 해야 하는 경우가 많다. 실제로 있었던 한 사례를 들면, 남자 교장이 승진을 준비하는 여교사에게 승진하고 싶으면 술자리에 같이 가자고 했는데 거부했더니 교무부장 자리를 주지 않아서 승진이 늦어졌다는 말을 직접 들었다. 관리자가 주는 점수뿐만 아니라 연구 점수 등도 필요해서 수업은 뒷전이고 연구 보고서에 매달리는 경우도 많이 보았다. 이런 과정이 치사하고 싫고 옳지 않다고 생각해서 교장이 되기를 미리 포기한 교사들을 스스로를 '교포족'이라고 불렀다. 교장이 되기를 포기했다는 의미이다.

전문직의 경우는 15년 정도의 교사 경력이면 시험 응시가 가능하다. 시험에 합격하면 장학사로 보통 5년~6년 정도를 근무하게 되면 교감이 되고, 교감으로 3~4년 근무하면 교장 발령을 받는다. 이 기간은 교사에서 교감-교장이 되는 경우보다 훨씬 승진이 빠른 것이다. 교육청에서 온갖 일을 하느라 고생했으니 당연하다는 의식과 자부심을 갖기도 한다.

두 경우 모두 문제점이 많다. 학교 코스는 승진 기간이 길어지면서 교장이 되었을 때는 이미 정년이 얼마 남지 않은 경우가 대다수이다. 그리고 교장이 되기까지 참고 견디며 '지난한' 과정을 거쳤고 정년도 얼마 안 남았으니 이제는 '대접받고 쉬어야겠다'는 생각을 가진 경우가 더 많다. 필자가 교사일 때 많은 교장을 만나게 되고 그들이 실질적인 일을 안 하고 뒤로 물러나 있는 태도를 보였던 주원인이기도 하다.

전문직 코스는 또 다른 문제가 있다. 본인이 교육청에서 정책 관련 일을 하다 와서 자신이 교육 전문가라는 생각이 강하다. 그래서인지 이런저런 사업을 펼치려 하는데 막상 학교 교사들은 정신없이 바쁘게 돌아가는 학교 현실을 잘 몰라서 저런다며 부담스러워한다. 중등의 경우

전문직 코스로 승진한 교감은 대개 고등학교로 발령받는다. 본인들의 생각처럼 교육의 전문가라면 오히려 어려운 학교일수록 더 역량이 탁월한 전문가가 배정되는 것이 맞을 텐데 합리적이지 않은 인사 방식이다. 이유는 아마 고등학교가 더 생활지도 등의 어려움이 적은 데다 중학교에 비해 왠지 더 '높은 지위'처럼 여겨지기 때문이 아닐까 생각된다. 전문직 출신이 신규 교장으로 중학교로 발령받는 경우 대부분 4년을 꼬박 채우는 경우를 많이 보지 못했다. 중학교에서 2년만 근무하고 대체로는 고등학교로 신청해서 이동한다.

전문직 코스 교감, 교장은 교육청으로 다시 급을 높여서 장학관으로 진급해 가는 것을 영전으로 여기는 듯하다. 전문직 출신인데 4년을 모두 채우고 가는 경우는 그 자체가 훌륭한 일이다. 전문직 출신들은 학교-교육청을 '수시로?' 드나들며 근무하면서 점차 자신의 직급을 높여가며 더 좋은 자리를 찾아서 이동한다. 과장해서 표현하면 학교는 더 높은 자리로 가기 위해 잠시 머물며 경력을 관리하는 시간으로 기능한다. 이런 방식의 승진제도로 승진하고 행위하는 교장이 어떻게 장기적인 관점으로 학교 변화를 도모할 수 있을지 문제를 제기하지 않을 수 없다.

반면에 평교사에서 공모 과정을 통해 바로 교장이 될 수 있는 방법이 있다. 2020년 기준 전체 국공립 교장의 1.03%에 불과한 내부형 공모 교장(b형)이다.[11] 공모 교장은 학교 구성원들이 학교의 공모 취지에 맞는 교장을 선출하는 경우이다. 이 경우는 자율학교에만 적용이 가능한 데

---

11) 초빙 교장과 공모 교장(a형)은 승진 코스를 거쳐 교장 자격증이 있는 것이 전제조건이다.

그나마 신청한 모든 자율학교가 아니라 신청 학교의 50%만 가능하다. 이마저도 신청 학교의 25%였던 것이 문재인 정부가 100% 공약을 약속했으나 50%로 조정된 결과이다. 이유는 기존의 승진 코스를 준비하던 기득권층의 '무자격 교장 반대' 논리 때문이었다. 교사 출신 교장은 교장이 된 후 자격연수를 거쳐 교장 자격증을 취득하고 있다.

그런데 교장 만족도를 보면 공모 교장(b형)이 승진 교장보다 높게 조사되었다. 그림은 21대 강민정 국회의원실이 교육부에서 제출받아 분석한 전국 초·중등 학교장의 구성원 만족도 조사 결과이다.

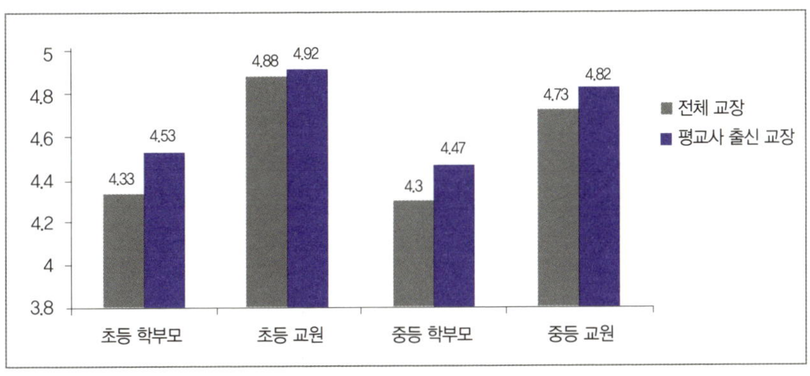

전체 교장에 비해 평교사 출신 교장이 초·중등 학부모와 교원 모두에게서 만족도가 높게 나타났다. 이렇게 만족도가 높은 교장이 더 많이 일할 수 있도록 하는 것이 교육당국의 정책 방향이 되어야 할 텐데 현실은 전혀 그렇지 않다. 그나마 낮은 비율로 공모를 통해 만들어진 평교사 출신 교장들은 교장 자격증을 취득했고 만족도도 높은데도 불구하고 4년 임기가 끝나면 교장으로 임용되기 위해서 다시 공모 교장 과정을 거치는 경우 이외에는 임용될 길이 제도적으로 막혀 있다. 물론 당사자가 교사로 복귀하기를 자발적으로 희망한다면 이 경우는 예외적으로 충분히 가능하다. 그러나 그간의 노하우를 발휘할 수 있도록 승진 교장과 마찬가지로 대우하는 것이 합리적이다. 당장 교장제도를 전면적으로 개혁하는 것이 어렵다면 기존의 승진 방식 뿐만 아니라 학교 구성원이 선출하는 방식의 공모 교장 제도를 전면적으로 확대하는 것이 기존의 교장제도가 갖는 불합리성을 개선할 수 있는 최선의 방안이다. 평소 승진 준비보다는 본연의 교육 활동에 충실했던 교사들이 교장이 되어서도 본연의 교육 목적에 맞는 교육 활동을 펼칠 수 있는 역량이 클 것임은 자명한 사실이다.

지난 2025년 8월 29일에 국회에서 있었던 전국교장교감포럼이 주최한 토론회에서 학생 토론자의 말이 떠오른다. "학생회장은 우리 학교의 학생 중에 선출하고, 학부모회장 역시 우리 학교 학부모 중에 선출하는데, 학교장은 왜 우리 학교 선생님 중에 선출하지 않을까요?" 이와 함께 현재 그나마 적은 비율로라도 이루어지는 공모 교장 선출 과정에서는 왜 학생들의 의견이 반영되지 않는지 이해하기 어렵다고 했다.

구체적인 방식이야 서로 지혜를 모아 찾아야 하겠지만 가장 중요한 원칙은 학교장이 의욕을 갖고 근무하는 학교에서 학교 발전을 위해 적극적으로 근무할 수 있는 제도가 되어야 할 것이다. 지금의 교장 승진 제도는 전혀 그렇지 못하다.

전면적인 혁신이 필요하다. 교장이 바뀌면 학교가 바뀌기 때문이다.

| 10 |

교사가 교사답기
어려운 이유?

"잠시만 독하게 맘먹고 욕먹으면 1년이 편하다". 학교에서 교원들끼리 통하는 말이다. 새 학년도 업무 분장을 새로 짤 때 큰 위력을 발휘하는 말이다. 학교는 1년마다 교사에게 업무를 다시 배정한다. 이유는 1년 주기로 학사일정이 반복되는 상황에서 새로 발령받아 오는 교사들도 있고 업무의 적합성과 형평성을 같이 고려하여 골고루 돌아가면서 하자는 취지일 것이다.

담임을 할 경우 어떤 해는 너무 힘든 반을 맡게 되는 경우가 있다. 그러면 그해는 다른 해에 비해 너무 힘들어서 빨리 한 해가 지나갔으면 하는 마음이 절로 들 수밖에 없다. 업무도 마찬가지로 힘든 업무를 맡게 되면 그 한해는 교사인지 행정직인지 정체성이 흔들리며 회의감과 자괴감이 들기도 한다.

교사들이 가장 원하지 않는 업무 중 하나는 학생생활지도 관련 업무이다. 문제를 일으키는 학생들을 주로 상대하는 업무이고 사안이 발생했을 때 학부모도 연관되는 업무라 업무 과중이 심하고 정신적인 스트레스 또한 너무 크기 때문이다. 물론 다른 업무들 또한 정도의 차이는 있지만 본질적으로 다르지 않다.

2025년 추석을 이틀 앞둔 지난 4일 충남의 한 중학교 교사가 자택에서 숨진 채 발견되었다. 너무나 마음 아픈 일이다. 여러 정황으로 볼 때 학교 업무 과중이 사망 원인으로 추정되는 상황이다. "하루 1만 보 뛰어다닌 40대 교사 숨져" 등 기사 제목이 여러 개였다. A교사(41)는 "지난해부터 시청각(방송) 업무를 맡아 교내 각종 방송 시설과 정보 화기기 업무를 담당해온 것으로 알려졌다. 문제는 교실 60곳의 방송 기기가 대다수 노후화돼, 교실별 방송 송출 문제가 빈번했다"는[12] 점이다. A교사는 수업과 담임 업무, 방송과 정보 업무까지 맡고 있었다. 방송이나 기기 문제가 생기면 이것을 해결하기 위해 매일 건물을 오갔고, 실제로 A씨의 휴대전화 건강관리 애플리케이션에 저장된 교내 하루 평균 걸음은 1만보 이상이었던 것으로 전해졌다.

학교마다 기기가 고장나면 수리해 주는 업체가 있긴 하지만 상주하는 것이 아니고 수업이 계속 이루어지는 상황에서 담당 업무를 맡게 되면 교사가 직접 해결해야 하는 경우가 많기 때문이다.

이렇게 어떤 업무를 맡느냐에 따라 1년 간의 교사 생활은 크게 달라진다. 그래서 업무를 새로 짜는 연초가 되면 교사들은 신경이 매우 예민해질 수밖에 없고 되도록 힘들지 않은 업무를 맡기를 희망하고 잠시 욕을 먹더라도 1년을 편히 지낼 수 있다면 버티기 작전으로 고수하는 경우도 있다.

---

12) "하루 1만보 뛰어다닌 40대 교사 숨져"…충남교사노조 "순직 인정해야" https://www.nocutnews.co.kr/news/6410436

수업 쪼개기, 누구를 위한 일일까?

그런데도 교육부나 교육청은 교사들의 업무를 덜어주기는커녕 점점 많이 생산해서 내려보내고 있다. 수업하는 짬짬이 행정 업무를 하던 상황에서 거꾸로 행정 업무 하는 짬짬이 수업을 하는 거 같다는 교사들의 목소리가 점점 더 높아지고 있는 이유이다. 이런 상황을 개선하겠다고 교육감들은 말을 하지만 실제 상황은 전혀 그렇지 못하다. 가장 큰 이유는 절대적인 행정 업무가 더 많아지기 때문이다. 그 배경에는 교육청에서 실적을 위해 정책을 생산하는 반면에 일몰하는 사업은 매우 적기 때문이다. 학교에서 업무가 많다고 하소연하자 '고작 생각해낸 것이 근본적인 해결책이 아닌 미봉책'으로, 교사들의 정체성을 흔들고 학교 현장의 혼란을 가중시키는 시간강사비 지원이었다.

서울시교육청은 2013년 생활지도교사의 주당 수업 시간을 5시간까지 줄일 수 있도록 강사비를 지원했다. 현재는 교무부장도 업무 처리를 위해 4시간 수업 강사비를 지원받고 있다. 이런 교육청의 대응은 문제 해결은커녕 오히려 여러 문제를 내포하고 있다.

먼저 심각한 문제는 교사들의 정체성을 흔드는 정책이라는 점이다. 실제 시행 초기 업무를 줄이는 방향이 아닌 교사들의 수업을 줄이는 방향으로 접근하는 것에 대한 문제 제기가 많았고 강사 채용을 거부하는 교사들도 있었다. 학생과 교사를 멀어지게 하고 교사들이 학생 교육이 아닌 행정 업무를 하는 것을 제도적으로 정착시키는 방향에 대한 문제 의식이었다. 실제 10년이 지난 현재 상황은 교무부장, 연구혁신부장까지 강사비를 지원하는 쪽으로 확대되어 왔고 교사들의 총업무량은 오히려 늘어난 상황이다.

두 번째 문제는 학교의 정상적인 교육 과정 운영이 왜곡된다는 점이다. 4~5시간을 하기 위해 여러 날을 학교에 오는 강사는 없다. 하루에 수업을 몰아서 할 수 있도록 해줘야 그나마 강사를 구할 수 있는 상황이라 강사들이 가능한 날로 날짜를 고정하고 수업도 쪼개줘야 한다. 예를 들어 과학교과는 주당 4차시가 기준시수인데 하루로 모아주기 위해서는 교과서 내용 중 1/4을 쪼개서 줘야 한다. 학생들 입장에서는 하나의 과학책을 나눠서 두 교사에게 배워야 한다. 수행평가도 두 명의 교사가 하게 되어 학생들의 학업 부담은 당연히 커질 수밖에 없다. 학사 운영도 고정된 강사가 많아지면 여러 어려움이 생긴다. 예를 들어 오류중학교에서 교장으로 근무할 때 수업 몰입을 위해 원하는 경우 되도록 블록 수업을 운영하도록 장려했다. 그러나 고정된 시간표가 많아지면서 시간표를 블록으로 짜기는 너무 어려웠다.

또 다른 문제는 학교 운영의 지속성과 일관성을 유지하기 어렵다는 점이다. 잠시 와서 수업만 하고 가기 때문에 학교 운영의 가치와 방향을 공감하고 함께하는 것은 한계가 명확하다. 혁신학교의 경우 교사들의 교원학습공동체를 통해 함께 수업을 연구하며 학생 혁신의 방향을 함께 만들어가고 있는데 강사의 경우는 함께하지 못하고 있다. 학생들에게는 같은 수업을 받는 교사임에도 학교 교육 방향의 가치를 잘 모르는 교사와 공부를 하게 되는 상황이다.

무엇을 위해 강사를 지원하고 누구를 위해 '수업 쪼개기'가 일어나는 것일지 심각하게 원칙부터 고찰할 필요가 있다. 강사를 위한 행정편의는 결국 학생들에게 어려움을 가져오고 있다. 학교에 상주하지 않는 시간강사에게 학생들이 일상적으로 질문할 수도 교류할 수도 없다. 극히

행정적인 이유로 학생들은 그들의 학습권을 침해당하고 있다고 할 수
는 상황이다. 학교에서 현재 교사는 정말 교사로서 부여받은 임무를 수
행하는 사람일까? 그리고 교육부와 교육청은 정말 학생들을 위해서 일
하고 있고 학생들을 위한 정책을 펴고 있는 것일까?

11

학교교육과정 자율 편성
20%의 허구[13]

　교육에서 무엇을 왜 배워야 하는지를 담고 있는 교육과정은 교육 활동에서 가장 핵심적이고 우선적으로 검토되어야 할 요소이다. 모든 시·도교육청의 혁신학교정책은 교육과정 재구성을 통한 다양한 수업을 지향하고 있다. 그리고 실제 많은 혁신학교에서 다양한 교육과정 재구성을 통해 새로운 수업을 실험하며 의미 있는 배움을 시도하고 있다. 그러나 혁신학교가 선도적으로 교육과정 재구성을 시도하고 있으나, 학교 밖의 제도적인 문제로 인해 여러 어려움을 겪고 있는 현실을 여러 연구에서 지속적으로 지적하고 있다.

　오류중학교 또한 혁신학교를 운영하며 학생들의 삶과 연계된 교육과정, 통합교육과정 등을 지향하며 혁신학교를 운영하였다. 연중 교육 계획을 수립하고 일상적으로 진행되는 교원학습공동체를 통해 이를 실현하러 노력하였다. 또한 학년말의 교육활동평가 워크샵 및 신학기 준비 워크샵에서 이와 같은 원칙을 재차 확인하는 과정을 거쳐 왔다.

---

13) 이 소절은 홍제남의 「혁신교육 패러다임과 교육제도 사이의 간극 : 혁신학교정책의 성공을 위한 제안」 교육비평(45). 2020.5의 내용의 일부를 새롭게 재구성한 것임.

교육과정을 총괄하는 책임자인 교장으로서, 교사들과 이와 같은 원칙을 꾸준히 공유하며 학교의 모든 교육 활동을 수업에 녹여낼 수 있도록 독려하고 지원하였다. 실행 사례로 학생회장 공약 사항이었던 '운동회'를 교과 수업과 연계하여 진행했다. 교원학습공동체에서 함께 논의하며 체육, 국어, 영어, 미술 교과가 함께 수업을 계획하여 진행하였다. 2학년 학생휴게실을 만들 때는 기술 수업과 연계하였고, 야외 쉼터 겸 학습장을 만드는 과정은 내가 직접 별도의 '쉼터 프로젝트팀(쉼프)'을 꾸려 운영하여 학생들이 제안한 안을 토대로 설계하였고 학교 구성원 공모로 '오동통통'[14]으로 이름을 정하여 잘 사용하고 있다.

그런데 이런 모든 과정은 쉽지 않았다. 삶과 연계된 교육과정 운영은 수시로 발생하는 현실을 반영하는 특성 때문에 연초에 미리 계획을 수립하기엔 한계가 있기 때문이다. 실제 학생운동회도 학기가 이미 시작된 3월에 학생회에서 안건을 제기하여 이후에 결정되었다. 학기가 시작된 후에는 교과가 쉽게 참여하기 어렵다. 이유는 1년간의 교육과정 및 평가계획을 신학년 시작 전에 수립하여 학교장의 결재를 득하고 교육청에 보고까지 마쳐야 하기 때문이다.

국가교육과정의 성취 기준에 맞게 교과별로 연간 진도 계획과 평가계획을 수립한 상황이라 새로운 학습 주제가 새로 개입할 여지가 없어진다. 이미 수립한 연간 계획을 수시로 다시 세우고 결재를 득하고 홈페이지에 공시하고, 학부모와 학생에게 다시 안내해야 하는 과정은 또

---

14) '오동나무 아래에서 서로 통한다'는 뜻인데 오동나무와 연결하여 오동나무 그늘을 활용할 수 있도록 만들었기 때문이다.

하나의 업무 부담이 되어 교사들을 힘들게 만든다. '쉼프'팀을 교과 수업과 무관한 교장인 내가 맡게 된 이유도 이런 맥락과 맞닿아 있다. 쉼프 예산을 6월에 서울시로부터 배정받고 평소의 소신대로 삶과 연계된 교육과정, 그리고 학생들이 사용할 공간이니 교과 수업과 연계하여 학생들이 직접 계획하고 진행하기를 희망했다. 그러나 교과 교사들은 국가 수준 교육과정에서 제시한 성취 기준을 끝내기도 버거운데 학기 중간에 계획에 없던 교육과정을 새로 구성하여 진행하는 것은 현실적으로 매우 어려운 일이었다. 이러한 현실 속에서 각 학교의 특색과 상황에 맞는 삶과 연계된 교육과정을 어떻게 구현할 수 있을지, 혁신학교가 갖는 교육과정의 자율성이 무엇인지 자문할 수밖에 없었다.

교과군별 차별과 여러 제한점

학교교육과정을 계획하면서 학교장으로서 할 수 있는 만큼 애초에 최대한 학생과 교사 모두에게 도움이 되는 교육과정을 편성하고자 했다. 원칙은 첫째, 학생들이 최대한 깊은 배움을 경험하면서 학습에 대한 부담을 줄일 수 있도록 한 학기에 공부해야 하는 과목수를 줄일 것, 구체적으로 1주 1시간인 수업은 지양하기. 둘째, 학생들의 삶과 연계된 교육과정을 지향하고 예술 및 활동 위주의 교과수업을 늘려서 학생들이 수업에 주체로 참여할 수 있도록 촉진하기. 셋째, 학생들의 수업 몰입을 위해 되도록 블록 수업으로 구성하기 등이었다. 결론부터 말하자면 학교 차원에서 해결하기 어려운 여러 문제에 부딪혀 일부분만 가능했다.

먼저 과목수와 교과별 수업시수 조정에 대한 부분을 살펴보자. 국가교육과정은 모든 학교에서 교과(군)별 20% 범위 내에서 증감·운영할 수 있다. 교육부는 각 학교급별 교육과정 편성 운영 지침으로 1년에 190일 이상의 수업일수와 3년간 3,366시간 이상으로 수업을 편성할 것을 지시하고 있다(서울시교육청, 2025). 아래 <표 1>은 이를 토대로 수립한 오류중학교의 연간 수업 시수표이다(오류중, 2025)[15]. 아마 이 수업 시수표는 전국의 모든 중학교가 교육부의 지침에 의해 수립하기 때문에 선택 과목 종류를 제외하고는 거의 동일할 것이다.

<표1> 2025학년도 오류중학교 교육과정 편성표

교육과정 편제

가. 중학교 교육과정은 교과(군)와 창의적 체험활동으로 편성한다.

1) 교과는 국어, 사회, 역사, 도덕, 수학, 과학, 기술 · 가정, 정보, 체육, 음악, 미술, 영어, 선택으로한다.
2) 선택은 한문, 진로와 직업으로 한다.
3) 창의적 체험활동은 자율활동, 동아리활동, 진로활동으로 한다.
4) 1학년 자유학기제는 1학기 2개 영역(진로탐색, 주제선택)으로 연간 102시간을 운영한다.
5) 학교자율시간은 정보(인공지능과 미래사회)로 운영한다.

---

15) 오류중학교 교육계획서(2025)

구분			1학년		2학년		3학년	
			1학기	2학기	1학기	2학기	1학기	2학기
교과 (군)	국어		68	85	68	68·	68	68
	사회	사회	34	51			34	34
		역사			51	51	34	34
		도덕	34	34	34	34		
	수학		51	68	68	68	51	51
	과학/ 기술·가정	과학	34	51	68	68	68	68
		기술·가정			68	68	68	68
		정보	34	34				
	체육		51	34	51	51	51	51
	예술	음악	34	34			34	34
		미술			34	34	34	34
	영어		34	51	51	51	68	68
	선택	한문	34	34	17	17		
		진로와직업	17	17				
교과 이수 시수 합계			425	510	510	510	510	510
창의적 체험 활동	자율 활동		17	29	29	29	29	29
	동아리 활동	동아리 활동	16	17	16	17	16	17
		학교스포츠클럽	17	17	17	17	17	17
	진로 활동			5	5	5	5	5
창의적 체험활동 이수 시수 합계			50	68	67	68	67	68
자유학년 활동	주제선택활동		67					
	진로탐색활동		35					
자유학년 활동 시수 합계			102					
학교자율 시간	정보	인공지능과 미래사회		34				
총 수업 시간 수			577	578	577	578	577	578

   2020학년도에 오류중학교 학생들이 배우게 되는 학년별 1학기 시간
표에 따른 이수과목수는 〈표2〉와 같았다[16].

---

16) 2020년 이후에 중학교 교과군별 수업시수가 달라지지 않아서 현재에도 양상은 비
   슷함.

<표2> 2020 오류중학교 학년별 이수 과목

학년/학기	1학기	2학기
1학년	국어(A, B), 사회, 자유학년1(주제), 수학, 과학, 가정, 정보, 체육, 음악, 미술, 자유학년2(예술), 영어, 한문, 창체, 스포츠클럽 ➡총 15과목+수업교사 15명	국어(A, B), 사회, 자유학년1(주제), 수학, 과학, 기술, 가정, 정보, 체육, 음악, 미술, 자유학년2(예술), 영어, 한문, 창체, 스포츠클럽 ➡총 16과목+수업교사 16명
2학년	국어(A, B), 역사, 도덕, 수학(수학, 통계), 과학(A, B), 기술, 가정, 체육, 음악, 영어, 한문, 스포츠클럽 ➡총 13과목+수업교사 15명	국어(A, B), 역사, 도덕, 수학(A, B), 과학(A, B), 기술, 가정, 체육, 음악, 영어, 한문, 스포츠클럽 ➡총 13과목+수업교사 15명
2학년	국어(A, B), 사회, 역사, 도덕, 수학, 과학(A, B), 기술, 가정, 체육, 음악, 미술, 영어(A, B), 진로, 스포츠클럽 ➡총 14과목+수업교사 17명	국어(A, B), 사회, 역사, 도덕, 수학, 과학(A, B), 기술, 가정, 체육, 음악, 미술, 영어(A, B), 진로, 스포츠클럽 ➡총 14과목+수업교사 17명

1학년은 1학기에는 15과목, 2학기에는 16과목을 배우게 된다. 기술·가정이 실제로는 기술과 가정으로 분리되어 진행되고 있기 때문이다. 2학년은 세 학년 중에서 가장 적은 13과목이지만 나누어진 교과가 있어서 수업 교사수가 15명으로 과목수보다 많다. 3학년은 14과목에 나누어진 교과로 인해 수업 교사수가 17명이다.

<표2>를 보면 2020년 학교교육과정을 구성하며 희망했던 학기당 학생들이 배워야 할 교과목수를 줄이자는 목표가 무색하게 느껴지는 결과이다. 부분적으로 조정된 부분은 주당 1시수 수업을 지양하는 취지에서 2019년 1, 2학년 미술 1단위 → 1학년 미술 2단위로 모았고, 2학년 음악 1단위 → 2단위로 순증하였다. 1학년 미술이 1단위 늘어나는 과정은 1학년 기술·가정을 3단위에서 2단위로 줄이는 대신, 2학년 기

술·가정을 3단위에서 4단위로 조정해 주었기 때문에 가능했다. 음악 교과의 1단위 순증은 도덕과가 2학년 도덕 교과 5단위를 4단위로 순감해 줘서 가능했다.

미술과 음악을 동시에 1시간씩 늘릴 수 없었던 이유는 교과군별 20% 이내라는 제한 때문이었다. 예술(음악·미술) 교과군은 3년간 총 272시간이 기준인데 20%이면 54.4시간이다. 음악 미술을 모두 1단위 34시간씩 순증하면 총 68시간으로 25%가 되어 20% 이내 규정을 지킬 수 없다. 그런데 소위 주지 교과로 분류되는 국어, 수학, 영어를 보면 기준 시수가 442, 374, 340시간으로 20%는 88.4, 74.8, 68시간으로 예술 교과군보다 훨씬 많이 순증이 가능하다. 즉 20% 이내는 기준 시수에 따라 실제 증감을 적용될 때는 교과에 따라 큰 차이와 차별이 나타난다. 결국 학교교육과정 20%의 자율성은 1/5의 자율성처럼 보이나 실체는 운신할 수 있는 폭이 1~2 시수도 힘든 실정이다.

교과별 교사 수급의 문제까지 고려하면 학교교육과정이 한번 편성되면 해가 지나도 바뀌는 경우가 거의 없이 유지될 수밖에 없다. 이렇게 학교 차원에서 교육과정을 조정한다는 것은 국가 수준 교육과정의 상세한 지침을 준수해야 하는 동시에 학교 내에서 학년별 교과시수, 교사 수급 등의 문제와 연동되어 있는 문제라서 실제로는 학교별 특색 있는 교육과정을 새롭게 구성하는 일은 거의 불가능에 가깝다.

블록 수업 또한 교사가 희망한다고 해도 구성하기가 점점 더 어려워지고 있다. 자유학년제, 스포츠클럽, 수업 경감 지원 강사(교무부장, 생활지도부장의 업무 경감), 수업 지원 강사(주당 18시간 이상 교과의 수업 지원) 등으로 오는 시간강사들의 수업 시간을 우선적으로 고정시켜야 하기 때문이다[17]. 이 중 스포츠클럽은 학교폭력을 예방한다는 차원에서 1시간 순증하여 진행하고 있는데 교사 자격증이 없는 강사의 질은 잘 담보할 수가 없고 학생들도 하기 싫어하는 시간이다. 그러나 의무적으로 편성해야 하는 학교 입장에서는 강사를 구하는 것 자체부터 쉽지 않은 형편이라 대안이 없는 상황이다.

이와 같이 국가가 세부적으로 '단단한 교육과정'을 요구하고 수업 교사들의 수급 또한 불안정한 상황에서 혁신학교에서 할 수 있는 교육과정 재구성의 폭이 얼마나 되는지 되묻게 된다. 〈표3〉 초·중·고 교사들을 대상으로 자율적 교육과정 운영의 어려움을 묻는 설문에서, 외부적 요인인 '1) 교육청의 지침에 따라야 해서'라는 응답이 학교 내부적 요인인 '2) 학교장의 독선 3) 학교 문화 4) 교사 의지'에 비해 큰 차이로 높게 나타났다(손동빈 외, 2018).

〈표3〉 학교급별 자율적 교육과정 운영의 어려운 점

학교급	1) 교육청의 지침에 따라서	2) 학교장에 의해 주요 내용이 결정되어서	3) 협의하고 의사결정하는 학교 문화가 정착되지 않아서	4) 교사의 자율적인 교육과정 운영에 대한 의지가 부족해서	기타	전체	X2
초등학교	567 (40.6%)	192 (13.7%)	339 (24.2%)	233 (16.7%)	67 (4.8%)	1398 (100.0%)	
중학교	379 (44.3%)	72 (8.4%)	232 (27.1%)	140 (16.4%)	32 (3.7%)	855 (100.0%)	37.562* (df=8)
고등학교	341 (49.9%)	67 (9.8%)	145 (21.2%)	90 (13.2%)	41 (6.0%)	684 (100.0%)	
전체	1287 (43.8%)	331 (11.3%)	716 (24.4%)	463 (15.8%)	140 (4.8%)	2937 (100.0%)	

* p<.001

특히 초, 중, 고로 갈수록 그 값이 더 높게 나타난다. 이것은 상급 학교로 갈수록 교육과정이 진학에 영향을 미치는 성적과 연동되는 정도가 높은 상황에서 교사들이 자율성을 발휘하기가 점점 힘들어지기 때문이라고 판단된다. 이런 상황에서 학교가 발휘할 수 있는 학교교육과정 편성 운영권은 너무나 제한적이다.

개별 학교와 개별 학생의 특성에 맞는 학교교육과정을 운영하기 위해서는 학교에서 실제로 학교 실정에 맞는 학교교육과정을 편성할 수 있는 권한을 주어야 하는 이유이다.

---

17) 시간강사 문제는 한 교과목을 A.B로 나누게 만드는 원인이 되기도 한다. 예로 주당 4시간 수업을 맡은 강사의 경우 하루에 1시간씩 4일을 출근할 수는 없으므로, 하루만 출근해서 4시간을 수업할 수 있도록 4개 반을 배정하려면 교과목을 쪼개서 가르칠 수밖에 없다.

12

'본청'은 무엇을 위해
점점 비대해지나?

　'본청', 말 자체에서 권위적인 느낌이 물씬 풍긴다. 서울시교육청을 줄여서 부르는 말이다. 전 조희연 교육감은 본청 슬림화를 거듭 약속했다. 본청은 기획 중심으로 운영하고 인력을 지원청으로 보내 학교 지원역할을 할 수 있도록 한다는 목적이었으나 결론적으로 더 커졌다. 서울시교육청 자체 분석[18]에 의하면 "'19~'24. 본청 정원 변동 추이: ('19)560명 → ('25)788명 (41%, 228명↑)"였다. 약속이 무색하게 5년 사이에 인력이 41%나 늘어났다. 이런 상황의 배경에는 본청과 지원청에 대한 직원들의 평가와 인식이 한몫할 것이라 추정된다. 본청에 근무하는 것이 뭔가 더 중요한 역할을 하고 지원청은 본청에서 지시하는 내용만 집행하는 기관으로 인식되고 있다. 남부교육지원청에 근무하며 실제 경험한 현실은 다르지 않았다. 같은 직급이지만 본청으로 가기를 희망했고 본청에 발령을 받으면 능력이 있는 사람으로 인정받은 것처럼 인식했다.

　문제는 이렇게 새로 발령받아 간 직원은 자신의 성과를 위해 새로운

---

18) 미래를 여는 협력 교육 추진 기반 조성-교육지원청 재구조화 검토(안)(서울시교육청, 2025.4)

사업을 만들어 낸다는 점이다. 서울시교육청 또한 이 점에 대해 "정부의 총 정원 감축 상황에도 부서의 불필요한 사업 폐지 검토, 기존 업무 재조정 등 검토 없이 신규 사업에 필요한 인력을 무조건 요구하는 관행 존재"로 보고하고 있다. 기존의 사업에 대한 평가와 일몰 없이 새로운 사업이 계속 만들어지고 있고 이는 결국 학교 현장의 교사들이 감당해야 할 업무로 내려오고 있는 것이 현재 실태이다. 나는 평소 이 문제에 대한 문제의식을 크게 가지고 있었다. 2010년 오류중학교에서 혁신학교를 준비할 때도 오류중학교에 다시 교장으로 일할 때도 가장 크게 신경을 썼던 부분도 학교 업무 경감이었다. 실제로 학교에서 할 수 있는 최대한으로 의미있는 변화를 만들어 냈다고 생각한다[19]. 학교 업무 경감에 많은 노력을 한 것은 교사들이 본연의 역할인 교육 활동과 학생 교육에 집중할 수 있도록 하기 위한 기본적인 요인이기 때문이다. 2024년 서울시교육감 보궐선거에 출마했을 때 대표 공약 중 하나도 '빼기 행정'이었고 지금 또한 마찬가지이다.

서울시교육청에 조직 개편을 제안하다

지난 서울시교육감 보궐선거 이후인 2024년 12월에 본인은 정근식 교육감 당선자에게 아래와 같은 제안서를 전달했다. 평생을 대학에서만 교수로 일해온 분이 학교 현실의 여러 문제를 알기는 어려운 상황이었기 때문이다. 비록 낙선으로 직접 추진할 수는 없었지만 반드시 개혁

---

19) 이에 대한 구체적인 내용은 본인의 저서인 「교장이 바뀌면 학교가 바뀐다」(2024, 살림터)에 자세히 소개되어 있다.

이 필요한 부분이라 생각했기 때문이다. 핵심은 본청과 지원청의 역할 재정립으로 학교를 지원하는 교육청이 되어야 한다는 것이었다. 이를 위해 본청은 사업 기획 위주의 역할을 맡고 구체적인 사업 구상과 집행은 지원청에서 각 지역의 실정에 맞게 진행해야 한다고 제안했다.

이를 위해서는 본청의 사업을 대폭 정비하여 남은 인력을 지원청으로 배치할 필요가 있었다.

[서울시교육청 정책 · 제도혁신위원회 제안서]

제안자 : 홍제남

Ⅰ. 제안 배경 및 목적

□ 주민 직선 교육감 체제하에 교육청의 역할과 기능을 민주적, 자율적으로 변화할 필요성

□ 공공성을 강화하면서 동시에 교육 현장의 요구를 신속하게 반영할 수 있는 창의적이고 유연한 조직 설계 필요

□ 단기적인 논의를 벗어나 조직 진단 연구와 숙의 과정에 기초한 장기적 관점의 조직 개편 및 정책 혁신의 논의 구조 필요

Ⅱ. 현재의 문제점

□ 부서 간의 '칸막이'가 높아 부서 간 소통과 협력이 낮은 상태임. 그 결과 중복되거나 유사한 사업이 많아 업무의 효율은 물론 예산 사용에서도 비효율적임

□ 교육지원청이 지나치게 본청-학교 간의 전달자 역할을 하는 지위라

서, 각 지역교육청이 지역 학교 실정에 맞게 창의적이고 실효적인 교육을 지원해야 하는 역할을 제대로 수행하지 못하는 실정임
□ 교육청 조직 개편 시 학교의 필요성을 반영하지 못함으로써 학교는 본청과 지원청으로부터 쏟아져 내려오는 각종 정책을 수행하는 하부 기관으로서의 역할을 숨가쁘게 수행하는 위치에 놓여있음
□ 서울시교육청이 서울시교육청, 교육지원청, 학교와의 관계에서 상대적으로 과도하게 비대함
□ 교육청 사업에서 교육의 핵심(중심)이 제대로 보이지 않은 채 방만하게 다양한 교육 사업을 펼치고 있어 효과가 약하고 조직 체계가 뒤엉키고 인력 손실이 막대함

Ⅲ. 운영 방향

□ 학교가 학교 상황에 맞게 본연의 교육 활동을 펼칠 수 있도록 지원하는 교육청의 역할 제시
□ 교육청의 업무 효율화로 '빼기 행정'을 추진하여 학교 교육을 지원
□ 각 부서의 업무 분석과 진단·평가를 통해 업무 통폐합 및 폐지와 간소화 추진
□ 객관적인 진단과 방향 설계를 위해 내부위원과 함께 학교 현장 인력 및 외부 전문가의 자문을 구하며 활동

Ⅳ. 세부 운영 계획

1. 위원회 위상 및 구성
□ 위상: 교육감 직속 조직의 위상으로 힘있는 추진력 확보

□ 위원 구성: 내부위원(본청 소속)5명+ 외부위원 6명, 총 11명

(중략)

V. 추진사항

1. 목적

□ 교수·학습·연구 중심의 학교 운영을 지원

□ 학교 자치가 최대한 보장되고 확보될 수 있도록 지원

□ 본청과 교육지원청의 역할을 명확히 구분함

□ 교육지원청이 지역 특성에 맞는 사업을 자율적으로 추진할 수 있도록 정책, 조직, 예산, 인원 정비

□ 2026년 2월 교육청 이전 시기에 맞춰 조직 정비: 본청을 정비하여 남는 인력은 지원청 사업에 활용하도록 함(예: 본청에서 200명 정도의 인원을 줄여 지원청으로 보냄)

2. 추진 내용

주제	할일	기타
업무 분석	교육청 각 과별 업무분석 → 정책 정비 교육청 외 사업분석: 교육부 등	각 부서
정책 정비	일몰 및 통폐합 정책 판단 → 정책 정리	교육청 사업 축소
행센 평가	남부교육지원청의 시범사업인 행센의 현황 파악 및 평가 → 일몰 또는 보완 필요	교원업무경감이 최종 목표
통센 평가	통센의 도입취지 및 현재 역할 분석, 평가 → 행센과 연계하여 역할 정립	교육지원청의 역할 정립
법령 분석	각종 법령에 의한 학교 업무 과중 분석 → 법령 정비 요청	효율화방안 모색

(후략)

중이 제 머리를 깎기 어려운 법이다. 강력하게 조직 개편을 추진하기 위해서는 외부적 압력이 필요하다고 판단하고 추진위원으로 결합하여 함께 조직개편을 추진할 수 있도록 제안했다. 그러나 담당 책임자는 여러 이유를 들며 추진위원이 아닌 자문단으로 역할을 낮췄다. 24년 12월부터 제안한 것이고 교육감이 필요성에 동의한 부분임에도 불구하고 관철시키지 못하는 모습을 보면서 한숨이 절로 났다. 교육감과의 약속을 믿고 이 분야의 전문가 외부 추진위원을 섭외하고 수차례 내부 논의는 물론 교육감과도 같이 만나 논의를 한 상황에서 너무나 어이없는 상황이었다. 결국 자문단으로 위상이 정해졌고 교육감이 함께 논의하는 것으로 마무리되었다.

결론적으로 조직 개편은 용두사미로 끝나고 말았다. 사업을 대폭 줄여야 함에도 학교에는 거의 영향을 미치지 않는 '자잘한' 사업들을 없앴다. 그리고 각 지원청에 4~5명의 직원을 보내는 것으로 마무리된 것이다. 학교에서 교사들이 조직 개편의 변화를 느낄 리 만무하다.

더욱 기가 막힌 사실은 5년간 본청 인원이 41%나 증가하는 동안 반대로 서울 학교의 교원 수는 대폭 줄었다는 점이다. "2019년 대비 2024년 총 교원 수 6,464명(9.5%) 감소"하였다. 이는 연 평균 1,292명(1.9%) 감소한 것으로 교육청이 만들어낸 사업을 줄어든 학교 교사들이 더 과중하게 부담해야 한다는 것을 의미한다.

교육청의 존재 이유를 묻지 않을 수 없다. 교육청은 무엇을 위해, 누구를 위해 점점 비대해져 가는가? 줄어드는 학교 교사들은 교육청이 던지는 그 무게를 오롯이 감당해내고 있다. 그래서 교사들이 습관처럼 내뱉는 말 "교육청이 없어져야 학교가 살만할 것 같다"라는 말이 사라지지 않을 것이다. 이제는 교육청의 혁신이 필요한 시점이다.

제2장

'진짜 교육'을 향한 탐색

교육자로서 24년의 시간을 보내며 학생, 동료 교사와 많은 일들을 함께했다. 이 중 '교육다운 교육', '진짜 교육'을 만드는 일을 학교 차원에서 집단지성으로 실천한 혁신학교 실천은 매우 특별한 일이었다. 학생, 교사, 보호자, 지역사회가 온전한 교육 주체로서 어떤 역할을 해야 하는지 고민하며 실천하던 날들이 주마등 같이 이어진다.

과학교사, 교장, 장학관, 연구자로 현장에 발 딛고 실천하며 여러 경험을 했다. 이 과정에서 교육자로서 용납할 수 없는 일은 교육이 교육의 논리가 아닌 신자유주의적 정치적 이해집단의 논리에 따라 좌지우지된다는 점이다.

백년지대계인 교육은 학생들이 학교에 머무는 짧은 몇 년의 모습으로 판단하기 어려운 장기적 과제다. 필자는 교육계의 한 사람으로서 교육의 지향과 목적, 그 목적을 달성하기 위해 사회가 교육을 위해 해야 할 일, 그 결과로 학생들은 교육을 통해 성취해야 하는 것이 무엇인지 경험과 고민을 나누며 같이 길을 찾고자 한다.

지난해 이후 교육 전문 인터넷 언론 〈더 에듀〉에 써온 칼럼을 선별해서 다시 살핀 글을 모았다. 평소 가진 문제인식을 갈무리할 기회를 주신 〈더 에듀〉 편집진과 독자들에게 감사드린다.

| 1 |

이제 '진짜 교육'을 실천할 때이다.

2025년 을사(乙巳)년 새해가 밝았다. 1905년 일본에 의해 강제로 체결된 을사늑약(乙巳勒約)이 있은 지 120년의 세월이 지났다. 일본의 지배는 우리나라 근대 교육에도 많은 영향을 미쳤다. 마을의 서당 교육 중심에서 본격적으로 근대 학교의 모습을 갖추게 되었다. 지금도 한국과 일본의 두 나라의 학교 모습은 사진으로는 구분하기가 어려울 정도이다. 일제 강점기는 교육과정을 이루는 교과목은 물론 평가 방식도 조선시대부터 이어지던 논술, 서술형 방식은 사라지고 단답식 문제가 도입되었다.[20]

교육은 백년지대계(敎育百年之大計)라고 한다. 우리나라에서 본격적인 근대 교육이 시작된 지 100년이 넘은 이 시점에서 현재 우리나라 교육의 모습은 어떠한지, 교육백년지대계에 맞는 교육다운 교육이 이루어져 왔는지 깊이 성찰할 필요가 있다.

2025년이 시작된 현재 우리나라 학생들은 학교 생활을 어떻게 생각

---

20) 한국교육신문(2011. 5. 9). 日 황국신민 전략으로 비틀린 교육과정. https://hangyo. com/news/article. html?no=37107.

하고 있을까? 학생들과 학부모의 학교 만족도는 OECD 국가의 평균보다 낮은 수준에 있다. 청소년의 우울증이나 자살 문제, 학교폭력 등의 문제 또한 심각하다. 아동·청소년 5명 중 1명이 '행복하지 않다'고 조사되었는데, 첫 번째 이유는 학업 문제였고, 두 번째 이유는 미래(진로)에 대한 불안이었다.[21] 실패의 기회를 허용하지 않는 입시 위주의 시험이 대학입시와 미래(진로)를 결정하는 우리나라 교육 현실을 보여는 결과라 할 수 있다.

그러나 이런 결과 속에서도 우리 교육이 희망적인 부분은 학생들의 학교 생활 만족도가 2000년 41.3%에서 2024년 57.3%로 크게 높아졌다는 점이다.

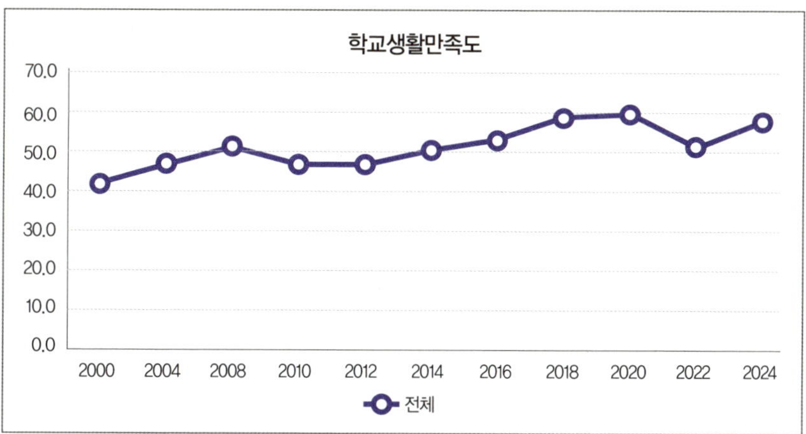

* 출처: 지표누리 국가발전지표(통계청, 2024.11.17.)

---

22) 연합뉴스(2022.5.9.). 아동·청소년 5명 중 1명 '행복하지 않다'…첫 번째 이유 학업 문제. https://www.yna.co.kr/view/AKR20220504101200501

특히 2010년 46.5%에서 2020년 59.3%까지 꾸준히 높아졌다. 2021~2022년에 일시적으로 급격히 낮아졌다가 2024년 다시 높아진 것은 코로나의 영향으로 학교에 다니지 못해서 나타난 결과라 판단된다. 이러한 결과가 의미하는 바는 우리나라 청소년들은 OECD 국가 평균보다 학교 생활 만족도가 여전히 낮기는 하지만 예전보다 점차 증가하는 추세에 있다는 점이다. 이것은 그간 10년간의 학교 교육이 긍정적인 성과를 내고 있다는 반증이다.

이 기간은 공교육 정상화를 목표로 2009년 경기도를 시작으로 전국적으로 시행된 혁신학교 정책과 겹치는 시기이다. 전국적으로 다양한 이름으로 실시된 17개 시·도교육청의 혁신학교 정책은 그간의 학교 문화를 크게 바꾸었다. 저자는 당시 서울 변두리의 오류중학교에서 과학 교사로 근무하며 2010년부터 서울형 혁신학교를 준비하였고 이후 혁신부장을 맡아 혁신학교 운영에 적극 참여하였다. 혁신학교 정책은 기존의 정부 주도의 탑-다운 방식과 전혀 다른 원리로 진행된 정책이다. 철저히 교사들의 헌신적인 자발성에 기초한 교육 개혁 운동이다.

민주적인 학교 운영 속에서 교사들은 교사학습공동체를 중심으로 교육 활동 중심의 학교 문화를 만들기 위한 노력을 활발하게 실천하며 학생 중심 교육, 학생이 주도하는 수업을 만들어갔다. 관리자와 행정직원들은 교사들이 교육 활동에 집중할 수 있도록 적극 지원하였다.

학생들은 학교 운영의 실질적인 주체로서 학생 주도 학생 자치를 활발하게 진행하며 학교 생활에서 학생들의 주인의식이 크게 높아졌다. 교사 주도, 경쟁 위주의 학교 교육이 학생 중심의 협력 교육으로 바뀌어갔다. 학교는 체벌이 사라졌고 학생 인권이 존중되는 공간이 되었다.

학교는 공교육이 정상적으로 이루어지는 공간으로 바뀌어 갔다. 이러한 학교의 변화가 그간 10년간의 학생들의 학교 생활 만족도를 지속적으로 높이는 가장 큰 요인이 되었을 것이라 추정된다.

그러나 여전히 혁신 교육의 효과는 너무 제한적이고 한계가 명확하다. 혁신학교는 전체 학교 수에서 15% 정도로 매우 적은 데다 예산이 주목표인 '무늬만 혁신학교'도 적지 않았다. 급별로 보면 입시에서 상대적으로 먼 초등학교가 많고 중, 고등학교로 갈수록 그 비율은 크게 낮아진다. 또한 혁신학교에 대한 많은 연구에서 해결 과제로 제시되는 많은 과제들은 학교나 교육청 차원에서 해결하기 어려운 교육 시스템이나 교육과정, 입시 문제 등의 근본적인 문제이다.[23]

이런 어려운 상황임에도 불구하고 여전히 혁신 교육이 소중하고 중요한 이유는 교육 주체들이 자발적으로 나서서, 공교육 정상화라는 '진짜 교육'을 지향한 실천이기 때문이다. 교육의 근본적 목적은 학생들이 좋은 직업을 구하는 것에 있지 않다. 얼마든지 도전적 실패가 허용되는 여건 속에서 자유롭게 도전하며 미래를 헤쳐나갈 역량을 기르는 것, 학교 생활 속에서 사회 생활을 배우며 상대방을 존중하며 협력할 줄 아는 사람으로 성장하는 것. 이것이 교육의 목표이다.

우리나라의 교육 목적 또한 홍익인간의 이념 아래 민주시민을 기르는 것이라 교육기본법에 제시되어 있다.

---

23) 박상현·정영모(2021). 서울형 혁신학교의 성과 분석과 발전 방향. 서울교육정책연구소의 이슈 페이퍼 2021(6).

“제2조(교육이념) 교육은 홍익인간(弘益人間)의 이념 아래 모든 국민으로 하여금 인격을 도야(陶冶)하고 자주적 생활 능력과 민주시민으로서 필요한 자질을 갖추게 함으로써 인간다운 삶을 영위하게 하고 민주국가의 발전과 인류공영(人類共榮)의 이상을 실현하는 데에 이바지하게 함을 목적으로 한다.”

그러나 세계적으로도 주목받아 온 한국의 혁신교육호는 정치적 지형의 변화에 따라 계속 출렁이고 흔들리며 좌초될 위기에 처해 있다. 백년지대계라는 교육의 특성에 맞게 새해부터는 교육 정책이 교육적 논리로 지속될 수 있기를 간절히 희망한다. 그 결과로 학생들이 ‘진짜 교육’을 더 잘 받으며 행복한 학교 생활을 누릴 수 있기를 바란다.

| 2 |

AIDT를 반대하는 가장 우선적 이유,
"학생 건강에 적신호!"

"당신은 사랑하는 청소년 자녀에게 자동차 키를 주시겠습니까?"

2024년 9월 서울교육감 보궐선거 민주진보진영 후보경선 토론회가 있었다. AIDT(AI디지털교과서)에 대해 의견을 밝히는 주제 토론 때 예비후보였던 나의 시작 발언이었다. 아마 청소년 자녀에게 자동차 키를 넘겨줄 부모는 없을 것이다. AIDT는 청소년의 자동차운전에 비유될 만큼 청소년 건강에 위험하다.

정부는 AIDT를 막무가내로 계속 밀어붙이고 있다. 과연 누구를 위한 정책을 펴고자 하는지 강한 의구심이 든다. AIDT에 대해 교육 주체들은 교사 88%, 학부모 70%가 반대하고 있다. 국회는 이런 교육계의 의견을 수용하여 2024년 12월 26일에 AIDT를 '교과용 도서'가 아닌 '교육 자료'로 규정한다는 내용의 '초·중등교육법 개정안'을 통과시켰다. 그러나 교육부는 이에 반대하여 재의요구권을 행사하기로 당·정협의를 마쳤고 21일 국무회의에서 안건으로 다뤄질 예정이라 한다.

신체적으로는 성인 못지않은 청소년들에게 자동차 운전을 허락하지 않는 이유는 뭘까? 운전면허 취득 가능 나이는 우리나라는 만 18세이고 해외도 대부분 만 16세를 넘어야 취득할 수 있다. 세계적으로 운전 가능 나이를 제한하는 이유는 청소년의 특징에서 비롯된다. 사춘기 시기에 나타나는 청소년의 여러 특징은 청소년 시기의 뇌의 발달 단계와 관련이 있다. 청소년 시기의 뇌는 아직 급속하게 발달하는 단계로 미완성 상태로 불안정하다. 그 정점은 단연 '중2병'까지 언급되는 시기인데 청소년들 스스로 '자신이 왜 이러는지 모르겠다'고 혼란스러워한다.

저자는 중학교 과학 교사로 근무했는데 고등학교에 진학해서 고2, 고3이 되어 찾아온 제자들 말에 어이가 없으면서도 웃음이 나왔다. 말썽꾸러기였던 학생들이 "선생님 중학교 때 정말 죄송했습니다. 저도 그때 왜 그랬는지 지금 생각하면 잘 모르겠는데 정말 죄송했습니다"라고 말했다. 이런 학생들의 모습은 자연스러운 신체 변화에 따른 것이라 무작정 학생들을 나무랄 수는 없고 기다려줄 필요가 있다. 뇌에서 사람의 감정적 변화를 담당하는 변연계, 의사결정과 행동을 통제하는 전두엽은 발달 속도가 달라서 나타나는 모습이기 때문이다.

"중2병의 원인은 호르몬이 아니라 뇌 때문이다… 본능에 관계된 부분이 먼저, 이성을 관장하는 부위가 나중에 발달한다. 이마 맨 앞쪽에 있는 전전두엽은 계획·이해·반성·이성적 생각 등 고차적 사고 기능을 담당하는 뇌의 제일 진화된 부분인데, 가장 늦게 성숙한다. 뇌 안쪽에 자리한 변연계는 감정적 반응 및 정서·동기를 담당하며 청소년기에 완성 단계에 이른다. 변연계의 일부인 편도체는 즉각적이고 강렬한 감정·분노·공포·공격성·흥분 등을 처리한다. 변연계는 전두엽이 성숙하기 전까지 의사결정과 행동을 지배한다.

사춘기 뇌는 편도체에 비해 전전두엽이 미성숙하다. 편도체와 전두엽의 발달 속도 차이에 의한 불균형이 충동적인 행동, 공격적인 성향을 초래한다… 이성보다 본능이 앞서고 감정 조절을 못해 예측할 수 없게 흥분하고 쉽게 좌절한다. 무엇에든 잘 빠져들며 남의 시선을 지나치게 의식하고… 청소년은 몸은 성인이지만 두뇌는 아직 미숙하고 전전두엽과 변연계의 연결은 완전하지 않다."

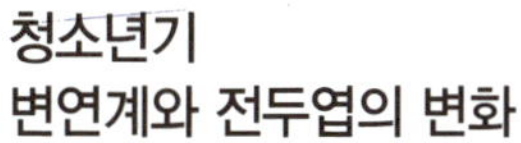

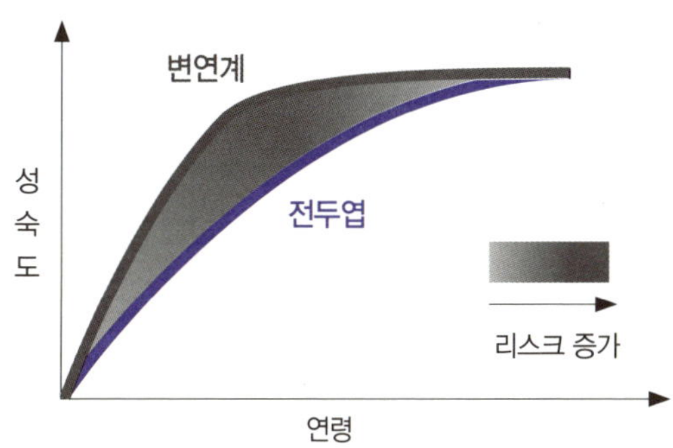

* 출처: 경향신문(2017. 3. 1.)

변연계와 전두엽의 성숙도 차이가 클수록 감정적, 충동적으로 행동할 가능성이 높아져 사고위험도(리스크)는 커질 수밖에 없다. 이런 이유로 운전 가능 나이를 소위 '질풍노도의 시기'인 사춘기를 피하도록 정한 것이다. 스마트폰이나 디지털 기기 등이 가진 강한 중독 가능성을 생각하면 스마트폰 사용 또한 자동차 운전과 마찬가지라 생각된다. 동국대 조벽 석좌교수는 '스마트폰은 자동차 키와 같다'며 청소년 시기 스마트폰 사용을 제한해야 한다고 주장했다. 저자도 두 아이를 기르며 이런 점을 고려하여 사춘기를 지나 스마트폰을 사용해야 한다고 생각하여 어릴 때부터 미리 이야기했다. 아들이 초등학교 고학년이 되자 스마트폰을 사 달라고 졸랐는데 조목조목 설득하여 중2 때부터 2G폰을 사용하고 고등학교 수능시험을 마친 뒤에 스마트폰으로 바꿨다.

스마트기기 활용 정도가 청소년의 발달에 미치는 학술 연구 결과도 "전통적인 활동, 즉 스포츠 활동이나 독서는 청소년의 감성 지능 발전에 도움이 되는 반면, 스마트 기기의 사용은 청소년의 감성 지능 발전에 저해 요인이 된다"고 결론을 제시하고 있다. 어린 학생들이 스마트기기를 사용하는 문제는 학습 효율성과 청소년 인권 차원보다 먼저 청소년의 안전 측면을 검토해야 한다. 과학적으로 사람의 신체 발달 단계를 고려하여 청소년 건강을 최우선으로 교육적 차원에서 결정해야 한다.

전 세계적으로도 어린이·청소년 시기에 스마트기기 사용 문제는 규제가 엄격하며 점차 더 강화되고 확대되는 추세이다. 프랑스 정부는 2018년부터 인터넷과 연결되는 스마트기기를 학교에서 사용 금지하는 법안을 통과시켰다. 2024년 9월부터는 법안의 실효성을 높이기 위해 200개 중학교에서 2025년부터는 전국적으로 '디지털 쉼표'를 시행하기로 하였다. 이 조치에 대해 담당 장관은 "국가적 위기 상황으로 청소년의 건강을 지켜야 할 의무가 있으며, '디지털 쉼표'에 참여한 학교에서 긍정적인 반응이 오고 있다. 학생들이 학습에 완전히 몰입하도록 하는 효과가 있다"고 밝혔다. 유럽 곳곳에서 휴대전화와 사회관계망서비스(SNS)를 규제하는 움직임이 이어지고 있는데, 영국 정부는 2024년 교내 휴대전화 사용을 금지하거나 제한하도록 지침을 내려 대부분

학교에서 이 조치가 시행 중이다. 이어서 이 지침은 '더 안전한 전화 법안'으로 제출되었는데 이 법안은 모든 학교가 '휴대전화 없는 지대'가 돼야 한다는 법적 의무를 담고 있다. 유럽 외에도 미국이나 대만 등 많은 나라가 비슷한 차원에서 청소년 스마트기기 사용 문제를 바라보면서 스마트기기 사용을 법적, 물리적으로 제한하는 여러 대책을 마련하고 있다.

우리나라 또한 청소년 스마트기기 중독 문제는 이미 매우 심각하다. 그런데 정부는 교육계의 높은 반대 목소리와 전 세계적인 흐름과 반대로 스마트기기를 종일 사용해야 하는 AIDT를 막무가내로 밀어붙이고 있다. 교육 당국이 교육정책 결정에서 그 무엇보다도 최우선으로 고려해야 할 사항은 어린이·청소년 시기의 심신의 건강을 지키고 학습에 집중할 수 있는 학습 환경을 만드는 것이다. 이것이 AIDT를 반대하는 여러 교육적 논거 중에도 가장 큰 이유인 까닭이다.

| 3 |

AIDT가 교육 격차 해소?
'나머지 공부'가 낫다!

2025년 초 최상목 대통령권한대행은 결국 AI디지털교과서 교육자료 규정 법률개정안에 대한 거부권을 행사했다. 그는 'AI 디지털교과서를 사용하지 않을 경우 우리 학생들의 교육과 미래에 매우 심각한 문제가 우려되며, 디지털 기술에 기반한 맞춤형 학습을 할 수 있는 교과서 사용 기회 자체를 박탈당하게 된다'고 주장했다. 교육부는 AIDT가 교육 격차를 줄일 수 있는 요술 방망이라도 되는 것처럼 명확한 근거도 없이 주장하며 밀어붙이고 있다. 긴 시간 학교 교육을 실천해 온 사람으로서 학교 현장을 몰라도 너무 모르는 주장에 개탄하지 않을 수 없다. 학생들의 교육 격차는 단순히 지적능력만이 아니라 학생들의 정서적, 심리적, 신체적 그리고 가정적·사회적 문제까지 연관된 매우 복잡한 문제로 세심하게 접근할 필요가 있다.

AIDT를 밀어붙이는 모습은 과학기술학자 Sheila Jasanoff(2016)가 말한 "기술 자체가 사회를 바꾸는 것이 아니라, 특정 사회집단이 '그' 기술에 '어떤' 상상을 하느냐가 사회를 '실제'로 바꾼다"는 설명과 부합하는 장면이다. 정부는 근거 없는 '상상으로' 미래세대를 길러내는 학교와 학생들을 기술의 '실험대상'으로 삼고 있다.

교사로 오랜 시간 학생들과 생활하며 모든 학생들이 공부를 잘하고 싶어하는구나 느꼈다. 그러나 희망과 달리 지적능력이 충분한데도 학업성취도가 낮은 경우가 많았다. 학생들이 제대로 학습에 집중하지 못하는 이유는 학생 수만큼이나 다양했다. 교육 당국과 학교는 각각의 학생들의 상황에 맞는 개별 맞춤형 교육 방법을 찾아 지원해야 한다. 교육적 근거도 시범 사업도 없이 전체 학생을 대상으로 막대한 예산을 들여 밀어붙여서는 안 될 일이다.

현재 개발된 AIDT의 질을 논외로 하더라도 디지털 기기 활용 교육이 성공하기 위한 전제는 학생들의 학습 의지와 행위 주체성이 높아야 한다. 본인은 코로나19 시기 3년을 오류중학교 교장으로 근무했다. 2020년 1학기는 코로나 유행으로 말할 수 없는 혼란과 어려움이 컸다. 오류중학교는 2019년 9월부터 미래학교 운영을 시작해서 디지털 기반 학습을 위한 모든 준비를 마친 시점이라, 그나마 다른 학교에 비해 원격 수업을 신속하게 잘 안착시킬 수 있었다. 교사들은 모든 원격 수업 자료를 다양하게 직접 제작하여 학생들에게 제공했다.

학생들은 처음에는 선생님의 목소리와 얼굴이 나오는 영상에 흥미를 느끼며 접하는 듯했다. 그러나 얼마 지나지 않아 대부분의 학생들이 거의 공부하지 않고 있다는 것이 밝혀졌다. 학년별 순환 등교로 3주 만에 등교한 학생들은 전혀 학습하지 않은 모습이었다. 교사들이 정성껏 만들어 올려준 수업 자료는 틀어놓은 상태로 듣는 것처럼 했을 뿐이었다. 그런데 일부 자기주도성이 높은 학생들의 모습은 달랐다. 오히려 더 좋

아했고 학업성취도 또한 높았다. 이로 인해 코로나 시기 학생들의 학
습격차는 매우 심각해졌다. 이런 학생들의 상태를 직접 확인한 교사들
은 수업 자료를 직접 만드는 일에 큰 에너지를 쏟는 것이 '자기만족적'
인 위안일 뿐 별 의미가 없다는 것을 점차 깨달으며 대안을 찾기 시작
했다. 대면 기회를 늘리는 것이 최선이었다. 이런 교육적 고민들이 모
여 2020년 2학기에는 실시간 원격 수업을 시도하였고 더불어 2부제로
짧게라도 대면할 수 있도록 전면 등교를 추진했다. 이런 고민의 결과로
코로나 2년 차인 2021년 3월부터 오류중학교는 전면 등교를 실시했다.

본인은 평소 학교 교육에서 디지털 기기의 활용을 적극 지원해왔다.
학생들에게 '디지털 문해력'을 기를 필요가 있다고 생각하여 미래학교
를 신청하여 운영하며 활용 성과가 매우 크다는 점도 잘 알고 있다. 그
러나 디지털 기기를 수업 목적에 맞게 제한적으로 활용하는 것과 교과
서로 도입하는 문제는 전혀 다른 차원의 문제이다. 디지털 기술에 대
한 문해력은 이미 정보교과 수업이나 다른 방식으로 학교 현장에서 다
양하게 진행되고 있다. 그러나 작금의 AIDT 논쟁 중 '개별 맞춤형 교육'
필요성에 대한 시각과 접근은 디지털 교과서를 통해서 해결할 수 있는
문제가 전혀 아니다.

주정훈(2024)은 서울시교육청의 AI 기반 교육 관련 실행연구(2021)
와 'AI 튜터 마중물학교' 사례 연구(2022) 결과를 종합하며, AI 활용 교
육이 미래의 대안적 교육의 가능성에서 신중해야 하는 현실을 드러냈
다고 하면서 다음과 같이 진단하였다.

"현재의 '개별 맞춤형 교육을 위한 AI 활용 교육'에서 담지하고 있는 학습은 디지털의 가능성을 내포하기보다, 인지적 영역에서의 '학습보충'을 넘어서지 못하고 있다. 현재 민간기업의 상업적인 AI 학습 플랫폼 활용 교육은 디지털의 외피를 입었을 뿐 그 내용과 형식은 특정 정보나 지식을 '설명'하거나 '지시적(order)'인 성격을 벗어나지 못하고 있었다."

어린 시절 국민학교 4학년 때 담임선생님의 '나머지 공부'는 세월이 지나도 또렷이 기억나는 힘들었지만 뿌듯하고 고마운 일이다. 강원도 산골 학교에서 담임선생님의 역할을 매우 컸다. 담임선생님은 수학 공부가 부족한 학생들을 남겨 '나머지 공부'를 시키셨다. 정규 수업 후 꽤 많은 학생을 남겨 수학을 가르쳤다. 그 결과인지 본인을 비롯하여 학생들의 수학 성적이 많이 높아졌다. 아버지는 이 일로 당시 담임선생님에게 두고두고 고마워하셨다.

학생들의 '교육 격차'를 진심으로 염려한다면 교육 당국은 교육 격차가 시작되는 저학년 때부터 1교실 2교사제, '보조교사' 제도 등을 도입하여 각 학생들을 직접적이고 전면적으로 지원해야 한다. 코로나 때의 경험, 학생들의 행위 주체성이나 자기 주도 역량의 차이는 AI디지털 교과서가 오히려 학생들의 학습 격차를 더 심화시킬 우려가 있다는 점을 보여준다.

현재 정부와 일부 시도교육청은 막대한 예산이 드는 AIDT를 교사가 사용하지 않아도 되니 일단 구입하라는 태도이다. 이것은 AIDT 도입이 교육 논리가 아닌 민간기업의 이윤보장이 중시되고 있다는 것을 보여주는 것이다. 각 시도교육청은 학교에서 올바른 교육이 이루어질 수 있도록 지원해야 할 책임이 있다. 책임 있는 자세로 교육적 논리를 우선으로 대응하여 학교 현장의 혼란을 최소화하여야 한다.

| 4 |

'괴물 윤석열' 탄생이 학교 교육 탓?
'키세스 시위대'도 학교에 다녔다

12.3 계엄 이후 '괴물 윤석열'에 대한 분석들이 쏟아졌다. 강조하는 부분이 조금씩 다르긴 하지만 현재의 학교 교육으로는 또 다른 '괴물 윤석열'을 만들어낼 것이라 쓰고 있다. 대체로 아래와 같은 논조와 주장이다.

최근 전남교육통에 실린 '괴물을 낳고 만 교육제도여!'라는 제목의 기사 일부이다. '교육은 단순히 지식을 전달하는 것을 넘어, 인간의 의식과 사회를 변화시키는 힘이 있다. 지금의 교육은… 경쟁에서 이기는 법과 성적 중심의 평가만을 강조하는 환경 속에서 아이들은 인간다움, 책임, 배려, 공감, 연대, 비판적 사고, 협의와 같은 중요한 가치를 배우지 못한다. 이는 또 다른 괴물을 만들어내는 토양이 될 뿐이다'. 김누리 중앙대 교수는 얼마 전 열린 한 토론회에서 "한국 교육은 파시스트 교육"이라고 지적하며 "한국에서 12년 교육받으면 성숙한 민주주의자가 되는 게 아니라 잠재적 파시스트가 된다"고 말했다. 12년을 언급한 걸 보면 초·중·고 교육과정을 말한 것이리라.

이런 평가를 보면서 현재 우리 교육이 문제가 없다고 생각하지 않음에도 왠지 불편하다. 불편감을 느끼는 것은 필자만은 아닌 듯하다. 학교에서 최선을 다해 좋은 교육을 위해 매일매일 실천하고 있는 교육자라면 일정 정도 비슷한 마음이지 않을까 싶다. 이들을 대표하여 학교 교육을 '지나치게 악마화'하고 '괴물을 길러내는 온상'인 것처럼 여기는 듯하여 학교 교육을 변론하고 싶은 심정이다.

12.3 계엄으로 우리 사회가 받은 충격은 새삼 말할 필요가 없다. 80년대에 대학 생활을 하며 우리 사회의 민주화를 위해 싸웠고 그 결과 많이 민주화가 되었다고 생각해오던 필자 또한 큰 충격을 받았다. 더불어 교육자로서 우리나라 교육에 대해 다시 한 번 성찰하는 계기가 된 것도 사실이다. 그러나 '괴물 윤석열'이 나타난 근본적 원인이 초·중등 학교 교육이고 현재 학교 교육이 또 다른 괴물을 만들어내는 토양이자 잠재적 파시스트를 길러내는 '파시스트 교육'이라는 주장에는 허탈감과 함께 억울한 마음마저 든다. 얼마 전까지 학교에서 학생들과 희노애락을 함께해 온 사람으로서 학교의 변화와 역할, 그리고 학생들의 성장을 가장 많이 본 사람이기에 더욱 그럴 것이다.

필자 또한 우리나라 교육의 문제점을 모르지 않는다. 오히려 현장교육전문가로서 책상에서 교육 정책을 주무르고 연구하는 그 누구보다 문제점과 구체적인 해결 방안을 더 잘 알고 있다고 자부한다. 교사가 된 이후 교육 개혁을 위해 다방면으로 실천해온 이유이다. 그러나 12.3 계엄 사태 국면에서 '괴물 윤석열'이 만들어진 가장 큰 원인을 학교 교육 탓으로 돌리는 것은, 대선을 앞둔 정치적 국면을 감안하더라도 너무나 단순하고 지나치게 빈약한 논리이다.

한 가지 묻고 싶다. 만약 윤석열처럼 '괴물 같은' 사람이 검사가 되지 않았다면 이런 사태가 발생하지 않지 않았을까? 윤석열은 사법고시에 9수 만에 합격했다. 9수 합격에 대해 혹자는 도전 의지와 끈기 등을 높게 평가하기도 한다. 그러나 의지가 있더라도 모든 사람이 이렇게 긴 시간 시험을 준비할 수 있는 것은 아니다. 9번이나 시험을 치를 여건이 되는 사람이 얼마나 될까? '느긋하게' 10여 년의 세월을 먹고 살 걱정 없이 시험 공부에 전념할 수 있는 사람은 그리 많지 않다. 소수의 특권층 금수저 자녀만이 누릴 수 있는 혜택이다. 학교에서도 정규 교사와 기간제 교사를 보면서 비슷하게 느꼈었다. 몇 년씩 시험에 전념하여 정규 교사가 된 경우는 대부분 가정적인 뒷받침이 가능한 경우이다. 기간제 교사를 오랜 시간 하는 경우는 대부분 스스로 생계를 책임져야 하는 경우가 많았다. 아마 다른 시험들도 상황은 비슷할 거다.

검사 윤석열, 그리고 '괴물 윤석열'을 만든 것은 그의 이런 9수가 가능한 우리 사회 실태가 근본적 문제이다. 출발점부터 공정하지 않은 사회, 갈수록 계층 간 격차가 점점 더 벌어질 수밖에 없는 불평등한 사회 구조가 '괴물 윤석열'을 만든 가장 근본적 원인이다. 괴물 윤석열의 탄생을 12년의 교육 문제로 돌리는 것은, 대선 국면에서 교육 문제 해결을 촉구하는 의도라 해도 초·중등 학교 교육에 대한 편협한 인식이며 사회 문제의 본질을 흐리게 만든다.

12.3 계엄 이후 탄핵을 촉구하는 집회에 여러 차례 참여했다. 집회에 참석하며 점차 달라지는 새로운 집회 문화가 너무나 신선하고 충격적이기까지 했다. 젊은 2~30대 청년들이 시위를 주도하고 있었다. 다양

한 응원봉, 신나는 노래와 흥겨운 춤은 80년대 시위 문화를 거쳐온 필자로선 정말 새로운 장면이었다. 그리고 이제는 이 멋진 청년들이 우리 사회를 잘 이끌어가겠구나 하는 믿음에 마음이 놓였다. 이렇게 멋지고 바른 상식을 가진 새로운 세대를 길러낸 곳은 어디인가? 이들도 12년간 우리나라 학교 교육을 받으며 성장한 사람들이다.

학교는 사회에서 자유롭지 못하고 그로 인해 여러 제약을 받고 있다. 틀에 짜인 국가교육과정부터 학교를 오히려 힘들게 하는 교육 정책과 지식 위주의 경쟁적 입시까지 여러 문제가 산재해있다. 그러나 학교는 이러한 어려운 여건 속에서도 건전한 시민의식을 가진 미래세대를 길러내기 위해 최선을 다하고 있다. 개별 학교 현실에 맞게 교육과정을 재구성하여 학생들의 삶과 연계된 교육을 실현하기 위해 노력하고 있다. 학교의 존재 이유인 학생이 학교의 주체가 될 수 있도록 학생 주도 수업과 학생 자치 활동을 실질적으로 구현하고 있다. 이런 학교문화 속에서 '키세스 시위대'인 청년들이 자라난 것이다.

'괴물 윤석열'을 만든 근본적인 원인은 12년 학교 교육이 아니라 누군가는 사법고시 9수도 편하게 할 수 있는 우리 사회의 불평등한 구조인 것이다. 12년 초·중등 학교 교육은 오히려 이런 사회 구조 속에서도 정의롭고 상식적 의식을 가진 건전한 민주시민을 기르기 위해 최선을 다하고 있다. 그런데도 무슨 문제만 생기면 가장 손쉬운 처방전으로 '동네북'처럼 학교 교육을 탓하곤 한다. 그 후폭풍으로 학교에는 온갖 처방전과 공문들이 넘쳐나서 더 힘들어지기 일쑤이다.

우리 사회는 항상 별도의 돈 걱정 없이 '느긋하게' 9수까지 가능한 특권층이 있었고 계층 간 격차는 더 심화되어 왔다. 이런 특권층이 온갖 특권을 누리며 모든 영역에서 주류를 형성한다. 그리고 이들 소수의 엘리트가 우리 사회를 좌지우지하고 있다. 교육 문제를 가장 잘 알고 있고 해결할 수 있는 일반인인 교사들은 여전히 정치적 기본권도 없는 '정치 천민' 신세이다. 역량 있는 교사라도 국회 교육위원회에 들어가는 일은 하늘의 별 따기이다. 이런 비상식적이고 불평등하고 정의롭지 못한 사회구조가 '괴물 윤석열'을 만들어낸 가장 근본적 원인이다.

학교는 이런 불평등한 사회구조와 여러 제약 속에서도, 여전히 평등과 자유의 가치를 가르치고 있는 어린이와 청소년의 소중한 성장 공간으로서 그 소임을 다하고 있다. '키세스 시위대'의 출현이 그것을 증명하고 있다.

| 5 |

민주시민교육, 앎과 삶이 일치하는
학교 문화를 만들어야

2025년 4월 4일 11시 22분. "주문 피청구인 대통령 윤석열을 파면한다"고 결정되었다.

12.3 계엄 선포 후 4개월 만에 시민들은 마음이 편안한 주말을 보냈다. 필자도 모처럼 인근 산을 즐겁게 등산했는데 오가는 길에 흐드러지게 피고 있는 벚꽃을 비롯한 봄꽃들을 온전히 즐길 수 있었다. 이제야 봄꽃이 제대로 보인다는 여러 사람의 말들이 가슴 저리게 다가왔다. 평범한 일상이 얼마나 소중한가를 뼈저리게 느꼈다. 이런 평범한 일상을 회복하고 지켜낸 것은 깨어있는 민주시민들이 있었기 때문이다.

12.3 계엄 사태를 통해 우리 모두는 민주국가의 근간인 헌법에 대해 비상한 관심을 가질 수밖에 없었다. 계엄 사태가 위헌인지 여부가 탄핵 인용 여부를 결정하는 중요한 기준이었기 때문이다. 최종적인 선고 요지에서 헌재는 파면할 정도로 중대한 것인지에 대해 "피청구인의 법 위반 행위가 헌법 질서에 미친 부정적인 영향과 파급효과가 중대하므로, 피청구인을 파면함으로써 얻는 헌법 수호의 이익이 대통령 파면에 따르는 국가적 손실을 압도할 정도로 크다고 인정됩니다"라고 판결하였다.

이번 계엄 사태를 계기로 민주시민 교육의 필요성에 대한 많은 목소리가 봇물 터지듯 나왔다. 경쟁적 교육 시스템이 문제라는 구조적 주장부터 민주시민 교육을 교과로 만들어야 한다는 구체적 의견까지 다양하다. 모두 일리 있는 주장이다. 그러나 무엇보다 중요한 것 중 하나는 학생들이 학교 생활 속에서 자연스럽게 민주적인 습관을 몸에 익히고 그것을 통해 민주시민으로서의 인식과 태도를 형성할 필요가 있다는 점이다.

헌법과 민주시민 교육을 별도 교과로 가르치는 것 못지않게 헌법 원리에 맞는 학교 문화를 만드는 것이 중요하다. 학교는 학생들이 사회생활을 경험하고 연습하면서 사회의 건전한 시민으로 성장하는 중요한 곳으로 학생들의 성장에 많은 영향을 미치기 때문이다.

학생 시절을 되돌아볼 때 떠오르는 인상적인 기억은 많은 경우 교과 수업 장면보다는 학교 풍토나 선생님이나 친구와의 관계 문제가 더 많을 것이다. 필자 또한 마찬가지이다. 학교의 전체적인 분위기와 함께 선생님에 대한 기억도 수업 기술보다는 학생들에 대한 태도가 더 크게 남아있다. 이런 점에서 잠재적 교육과정은 형식적 교육과정 못지않게 매우 중요하다. 학교 문화나 여러 세부적인 생활 규칙들이 학생들의 성장과 삶의 태도에 매우 큰 영향을 미치기 때문이다.

학교에는 다양한 일이 끊임없이 발생하고 시시때때로 여러 사항을 결정해야 한다. 이때 중요하게 생각할 판단 기준은 잠재적 교육과정으로서 앎과 삶이 일치하는 학교 문화를 만들어야 한다는 점이다. 교과 수업 시간에 정의와 평등, 다양성이 공존하는 삶, 사회적 약자에 대한 배려 등을 아무리 가르치고 강조해도 잠재적 교육과정인 실제 학교 생활 경험이 배운 지식과 반대라면 학생들은 제대로 배우기 어렵다. 교과서를 통한 지식과 삶에서 배우는 지식이 일치하지 않는다면, '삶의 지식'이 더 크게 영향을 미치게 되지 않을까?

오류중학교 교장이던 2022년에 있었던 일이다. 스승의 날 즈음에 졸업생인 고등학교 1학년 학생들이 찾아왔다. 1학년 교실인 2층 복도를 지나며 대화를 하던 중에 학생들이 깜짝 놀라며 하는 말에 필자 또한 깜짝 놀랐다. "어? 1학년 교실이 여기로 바뀌었네요? 이거 3학년의 '특권'이었는데요!" "맞아. 맞아" 그해부터 4층에 있던 1학년 교실과 2층에 있던 3학년 교실을 서로 바꿔서 쓰고 있던 상태였다.

교실을 바꾼 이유는 그 전해에 1학년들이 4층 생활을 하면서 여러 문제가 발생해서 서로 너무 힘들어했기 때문이다. 애초에 1학년 교실을 4층에 둔 이유는 저학년을 고학년으로부터 '보호하고자'하는 취지에서 시작된 것이리라. 그러나 실제는 짧은 쉬는 시간에 3학년 선배들이 앉아 있는 계단을 지나 밖으로 내려오기는 어려운 상황이라 4층에 '갇혀 있게' 된 꼴이었다. 쉬는 시간마다 복도에서 많은 일들이 발생해서 여러 차례 1학년 학급회의를 통해 문제 해결을 시도했지만 상황은 달라지지 않았다. 학년 말에 근본적인 해결을 위해 여러 차례의 교사회의와 학생회 회의를 거쳐 교실을 바꾸기로 하였다. 활동성이 크고 아직 체구가 작은 1학년이 저층을 쓰는 것이 사회적 약자를 배려하는 차원에서 옳다는 판단이었다.

어차피 3년 중에 한 번은 저층에서 공부하는 '특권'을 누리게 될 테니 굳이 바꿔야 할 필요가 있을까 하는 의견도 제기되었다. 이때 그 권리를 언제 누가 어떻게 누릴지에 따라 잠재적 교육과정의 효과는 크게 달라질 수 있다. 3학년이 누리면 사회적 강자의 '특권'이 될 테고 1학년이 가지면 사회적 약자에 대한 '배려'가 될 것이다. 어차피 한 번은 누리게 된 권리라면 사회적 약자부터 배려하는 것이 헌법 원리에 맞는 공정을 넘어서는 정의 실현이 아닐까.

1, 3학년 교실 배치를 바꿀 때 고심이 컸던 사항 중 하나는 곧 3학년이 될 학생들의 생각이었다. 여태까지 참아왔고 이제야 '특권'을 누릴 기회가 되었는데 하필 자신들부터 그 특권을 누릴 수 없게 되기 때문이다. 대표 학생들과 간담회 과정에서 누군가 한 번은 희생적으로 양보해야 좋은 변화가 시작될 수 있는데, 여러분부터 시작한다면 1학년 후배들이 양보해 준 선배들에게 매우 고맙게 생각하며 좋은 선배로 존중할 거라 이야기하였다. 학생들도 이해하며 동의하였다. 아마 후배들에게 특권을 양보하며 새로운 변화를 만들어낸 자신들을 스스로 대견하고 뿌듯하게 여겼을 것이다. 학교는 교실 배치뿐 아니라 학교 급식 배식 순서, 운동장 사용 등의 여러 학교 생활을 같은 맥락에서 파악하고 조정할 필요가 있다.

지연된 정의는 정의가 아니라고 한다. 나중에 너도 대접받을 테니까 지금은 억울하지만 참고 견디라는 자세는 지연된 정의이다. 그 과정에서 학생들은 강자가 우선인 권위적인 문화를 자연스럽게 학습하게 될 것이다. 교과 수업도 중요하지만 학생들이 느끼는 학교 문화를 민주적으로 바꾸는 일은 민주시민 교육에서 매우 중요하다.

　최근 장안의 화제인 드라마 '폭삭 속았수다'를 보면 남녀 두 주인공의 학교 생활이 여러 장면 나온다. 국민학교 반장 선거 때도, 관식과 둘이 가출 후 징계를 받을 때도 가난한 여학생 애순이는 여러 차별을 경험한다. 기특하고 다행스럽게 드라마 속 애순이는 그런 차별에 굴복하지 않고 꿋꿋하게 도전적인 삶을 개척한다. 그러나 현실에서 그런 애순이는 그리 많지 않은 이상적인 모습일 거다. 아마 그래서 어려움 속에서도 이상적인 삶을 성취해 가는 애순이가 주인공인 이 드라마가 더 주목받는 것은 아닐지?

| 6 |

생존권을 걸어야 하는 교원의 정치 기본권

2025년 6월 3일 대통령 선거가 결정되었다. 유력 대선 후보인 '이재명 대통령 예비후보'의 정책자문 모임인 '성장과 통합'에서 구성한 교육위원회 19명의 명단을 보니 현직 교원은 한 명도 없다. 거의 모두가 대학에 재직하고 있는 현직 교수들이다. 전직 교장이 1명 포함된 것을 그나마 위안으로 삼아야 한다. 교육 문제는 최근 사회적으로 충격을 준 '7세 고시'부터 사교육의 근본 원인으로 지적되는 '대학입시교육'까지 유·초·중등 교육 문제가 고등교육 문제보다 더 많이 언급되고 있다. 성장에 큰 영향을 미치는 어린 학생들이 대상인 유·초·중등 교육이 중요하면서 교육 기간도 훨씬 길기 때문이다. 그럼에도 교육 문제 해결을 위한 정책을 결정하는 정치 조직이나 논의 과정에 유·초·중등 교육의 전문가인 교원들은 전혀 주체가 되지 못하고 소외되고 있다. 대개 교육 행사 때 발제자나 토론자로 '소비되고 있을 뿐이고' 실제로 중요한 정책 결정 과정에서는 배제당하고 있다. 단적인 예가 교사 출신 국회의원이 지난 21대와 22대 국회의원 600명 중 단 3명뿐인 것이다. 그마저도 22대에 2명이 교사 출신 국회의원이 가능했던 것은 23년 여름 서이초 교사의 가슴 아픈 죽음과 뒤이은 교사들의 처절한 몸부림이 만들어낸 자리일 것이다.

　필자는 2024년에 유·초·중등 교육의 수장인 교육감을 선출하는 서울 교육감 보궐선거에 도전했었다. 현장 교육 전문가이자 연구자로서 그 누구보다 유·초·중등 교육 문제를 잘 알고 잘 해결할 수 있다고 자신했기 때문이다. 그런데 이런 도전은 퇴직을 한 뒤라서 가능한 일이었다. 작년 보궐선거에 같이 도전했던 현직 교사였던 모 후보는 선거 한 달을 앞두고 후보 등록을 위해 사직서를 내야 했다. [공직선거법]과 [지방자치에 관한 법률]에 의해 공무원이 후보자가 되기 위해서는 선거일 90일 전까지 사직해야 하고, 보궐선거인 경우에는 (예비)후보자 등록신청 전까지 사직해야 하기 때문이다.

　[공직선거법] 제53조(공무원 등의 입후보) ①다음 각 호의 어느 하나에 해당하는 사람으로서 후보자가 되려는 사람은 선거일 전 90일까지 그 직을 그만두어야 한다.

　[지방자치에 관한 법률] 제47조(공무원 등의 입후보) ①「공직선거법」 제53조제1항 각 호의 어느 하나에 해당하는 사람 중 후보자가 되려는 사람은 선거일 전 90일(제49조제1항에서 준용되는 「공직선거법」 제35조 제4항의 보궐선거 등의 경우에는 후보자등록신청 전을 말한다)까지 그 직을 그만두어야 한다.

　그래서 경선 과정을 거친 후 후보자들의 상황은 판이하게 달라졌다. 현직 교수로 재직 중이던 후보는 해당 대학의 교수로 아무 문제 없이 계속 재직 중인 반면 교사는 돌아갈 학교가 없는 (반강제적!)퇴직자가 되었다.

필자 또한 사정이 다르지 않다. 서울의 교육지원청에 교육지원국장으로 근무하다 작년에 명예퇴직을 결단한 이유는 보다 적극적으로 교육 정책을 바꾸는 일에 전념하고 싶은 마음이 컸기 때문이다. 만약 독일이나 핀란드를 비롯한 많은 선진국처럼 교원도 휴직 상태로 다양한 정치적 활동이나 선거에 도전할 수 있었다면 굳이 '직을 포기해야 하는 힘든 결단'을 내리지 않았을 터이다. 그나마 정년을 3년 반 앞두고 조금이라도 빨리 결단할 수 있었던 이유는 두 자녀가 모두 경제적으로 독립한 상태였고 남편도 경제활동을 하고 있어서 생계를 책임져야 할 부담이 많이 줄었기 때문이다. 생계에 대한 책임감이 여전히 컸다면 꿈도 꿀 수 없는 일이었다. 교원은 '생존권과 맞바꿀 결단을 해야' 정치적 도전이 가능한 것이다.

교육감 선거 과정에서 예비후보로 등록한 후 지지 호소를 위해 공무직 노조를 비롯하여 많은 사람을 만났다. 그러나 막상 교육의 가장 주요한 실행 주체인 교사들은 전혀 만날 수 없었다. 너무나 답답하고 당황스런 일이었다. 교육의 질은 교사의 질을 넘지 못한다고 한다. 교육이 잘되는 나라가 되기 위해서는 교사들이 교육의 주체로 당당히 서서 교육 문제 해결을 위해 교육 정책을 적극적으로 개진하며 활동할 수 있어야 한다. 교육에서 종교의 자유와 같은 위상으로 정치 기본권이 보장된다면 충분히 가능한 일이다.

헌법재판소는 지난 4월 4일 11시에 윤석열 탄핵 심판을 한다고 예고했다. 그리고 학교에서 수업 시간에 탄핵 심판 선고를 학생들에게 보여주는 문제가 이슈가 되었다. 시도교육청에 따라 탄핵 심판 선고 시청을 안내하는 공문을 시행했고, 어떤 지역은 역으로 학교에서 교육청에 공문 시행을 요청하기도 했다. 보수 언론은 수업 시간 탄핵 시청을 비판적으로 보도했다. 이런 장면 모두가 우리나라 교사들의 현재 정치적 위상을 보여주는 씁쓸한 장면이다.

1년의 교육과정을 운영하면서 시의적절하게 교육과정을 재구성하는 것은 원칙적으로 학교와 수업 교사가 자율적으로 결정할 일이다. 2002년 월드컵 경기가 열렸을 때 그랬던 것처럼, 국가적으로 의미있는 역사적인 상황을 함께 나누고 공유하는 것은 매우 중요한 삶과 연계된 교육 활동 중 하나다. 이번 탄핵 심판은 찬반 입장을 떠나 우리 사회의 미래를 결정하는 큰 의미를 갖는 역사적인 사건이었다. 이것을 수업에 활용할 것인지 아닌지는 수업을 실행하는 학교와 교사가 자치적으로 판단할 일이다. 교육청이 공문을 시행하지 않아도 될 문제이고 학교가 공문 시행을 요청할 일도 아니다. 그런데도 이런 상황이 연출된 것은 그간 학교가 정치적으로 너무 억압받아 왔기 때문이다.

민주주의가 구현된 올바른 국가를 만들겠다며 대통령 후보로 나서는 모든 대통령 후보에게 묻고자 한다. 현재 교사들은 생계를 위협하는 생존권을 걸 정도의 결단을 해야지만 교육 정책에 적극 개입할 자격이 생긴다. 언제까지 우리나라 교육 문제를 해결하는 중대한 과제에 유·초·중등 교육의 실행자이자 전문가인 교사들이 문제 해결 과정에서 원천적으로 배제되어야 하는지, 개입할 자격을 얻기 위해서는 생존권과 결부된 결단을 내려야 하는지 절박한 심정으로 묻는다.

"교육의 가장 중요한 실행 주체인 교사들이 배제된 주요 교육 정책 결정이 정의롭고 공정하다 볼 수 있을까? 그리고 이런 사회가 진정 민주주의가 실현된 민주국가라 할 수 있을까?"

5.1 노동절과 '7세 고시'의
함수관계

　4월 말경 한 대학의 교육연구소에서 주최하는 교육 포럼에서 발표하게 되어 다녀왔다. 그때 함께 한 교수로부터 독일에서 자신이 경험한 학교 교육 이야기를 들었다. 독일은 초등학교 4학년이 되면 학교 교사의 의견을 들어 학생의 진로를 정하는데 별다른 이견 없이 직업계, 실업계, 인문계 등으로 진학이 결정된다고 하였다. 그 정도로 교사에 대한 신뢰가 높고 교사가 존중받고 있다는 이야기를 들으며 놀라운 한편 교육자로서 부러운 마음도 들었다. 우리나라에서는 상상조차 할 수 없는 일이다. 두 나라에서 이렇게 판이하게 다른 상황이 나타나는 주요인은 사회 구조의 차이이다. 어떤 직업을 가지더라도 경제적인 차이와 사회적인 차별 의식이 크지 않은 사회라 가능한 일이다.

　네덜란드 또한 학생들이 초등학교를 졸업하면서 진로에 따라 다른 중고등학교로 진학하고 있어서 대학 진학 단계에서는 경쟁이 거의 없다고 한다. 의사와 변호사는 선호 직업이라 경쟁이 있지만 추첨제로 뽑다가 지금은 대학별 선별로 전환했지만, 성적보다 학생의 열의를 중심으로 선발하고 있어서 우리나라와 같은 극단적인 경쟁이 필요 없다. 이런 사회적 합의가 가능한 이유는 대학을 나오지 않아도 경제적으로 먹고사는 데 어려움이 없기 때문이다. 학력별 임금 격차가 있지만 누진세를 적용해서 실소득은 큰 차이가 없는 것이다. 네덜란드 사람들은 '아무리 훌륭한 의사라도 도로 공사는 할 수 없고, 똑똑한 대학 교수가 있다고 해도 제빵사가 없으면 빵을 사 먹을 수 없다'고 생각한다. 이런 인식은 각자의 역할을 하는 모든 직업을 다 소중하게 생각하고 그 결과 경제적으로도 큰 차이가 없는 것을 보여주는 것이다.

얼마 전 한 방송사에서 서울 강남을 중심으로 벌어지는 영유아 대상의 '7세 고시'를 방영하여 우리 사회의 사교육 문제가 얼마나 심각한지 보여줘서 사회적으로 큰 충격을 줬다. 이런 극단적인 사교육이 벌어지고 있는 이유는 우리 사회의 직업에 따른 차별대우와 관련이 깊다.

(단위: %)

구분	초등학생		중학생		고등학생	
	직업명	비율	직업명	비율	직업명	비율
1	운동선수	12.9	교사	6.8	교사	6.9
2	의사	6.1	운동선수	5.9	간호사	5.8
3	크리에이터	4.8	의사	5.1	군인	2.7
4	교사	4.7	경찰관/수사관	3.3	경찰관/수사관	2.7
5	요리사/조리사	4.1	약사	2.6	CEO/경영자	2.5
6	경찰관/수사관	3.5	간호사	2.5	컴퓨터공학자/소프트웨어개발자	2.4
7	제과·제빵원	3.4	회사원	2.4	생명과학자 및 연구원	2.4
8	가수/성악가	3.2	요리사/조리사	2.4	회사원	2.3
9	법률전문가	3.0	뷰티디자이너	2.4	경영·경제 관련 전문직	2.3
10	배우/모델	3.0	군인	2.3	감독/PD	2.3

교육부가 조사한 2024년 학생 희망 직업 조사 결과도 이런 우리나

라의 현실을 보여주고 있다. 1~3위 희망직업은 교사, 운동선수, 의사·크리에이터 등으로 2023년과 비슷한 순위로 나타났다(교육부, 2024. 12. 4.).

학생들이 원하는 직업군을 보면 돈을 많이 버는 의사나 안정적인 직업이라 평가받는 공무원이나 전문직 등이 앞순위를 차지하고 있다. 우리가 생활 속에서 일상적으로 만나는 많은 기술적 직업군이나 실제로 성인이 되어 많은 사람들이 종사하는 직업군과 격차가 큰 것을 알 수 있다. 특히 육체적인 노동력을 사용해서 하는 직업군은 제과·제빵원이나 요리사 외에 10위 안에 보이지 않는다. 필자 또한 담임일 때 학생들과 대화 중에 장래 희망에 대해 많은 학생이 돈을 많이 벌고 싶거나 안정적인 직업인 공무원이 되고 싶다는 대답을 주로 들었다.

그런데 많은 학생이 희망하는 직업군은 대부분 좋은 성적과 학벌이 있어야 가능한 것들이다. 그곳으로 가기 위해서는 무한의 치열한 경쟁을 치르고 승리해야 한다. 그래야 돈을 많이 버는 의사, 안정적인 전문직업을 얻을 수 있는 사회 구조이기 때문이다.

이런 우리 사회가 아동 학대 수준의 괴물 같은 '7세 고시'니 '4세 고시'를 탄생하게 만든 배경이다. 통계청 조사 결과 2024년 7~9월 영유아 사교육비 총액은 8154억 원이며, 사교육 참여율은 47.6%로 만 2세 이하 참여율은 24.6%, 만 3세는 50.3%, 만 4세는 68.9%, 만 5세는 무려 81.2%로 나타났다. 영유아 아이들의 주당 평균 사교육 참여 시간은 5.6시간이었다. 만약 독일이나 네덜란드처럼 자신의 적성이나 특성에 맞게 어떤 직업을 택하든지 먹고사는 걱정과 직업적 차별이 없다면 굳이 부담스러운 사교육비를 감당하며 어릴 때부터 자녀를 사교육으로 몰아넣을 부모가 과연 얼마나 있을지 궁금하다.

그러나 작금의 우리나라 현실은 자녀 교육에 대한 부담과 걱정이 점점 더 심각해져 사상 초유의 0.7명대의 낮은 출산율을 기록하고 있다. 이는 학생수 감소 및 인구 감소로 이어져 이제는 국가 소멸까지 걱정하는 지경에 이르러 세계적인 뉴스거리가 되었다.

얼마 전 5월 1일은 노동절이었다. 1886년 5월 1일 미국에서 있었던 총파업을 기념하는 139번째 노동절이었다. 그런데 우리나라 달력에는 노동절이 아닌 근로자의 날로 적혀 있다. 노총기념일인 3월 10일을 근로자의 날로 기념해오다 노동계의 요구로 1994년부터 국제적 노동절인 5월 1일로 바꾸었지만 이름은 여전히 근로자의 날로 되어있다. 노동에 대한 우리나라의 현실과 인식을 보여주는 장면이라 여겨져 씁쓸하다.

6.3일 대통령 선거를 앞두고 여러 교육 의제가 쏟아지고 있다. 경쟁 교육과 대학 서열화 폐지, 사교육비 문제 해결 등은 그간 교육계에서 오랫동안 요구해 온 교육 의제들이다. 그러나 교육 문제는 점점 더 사회적으로 큰 이슈가 되고 있다. 이제 더이상 상처에 연고 바르는 땜질식 처방으로 해결할 수 있는 문제가 아니라는 것을 인식해야 한다. 사회적으로 상처를 도려내는 대수술을 하는 근본적인 처방이 있어야 해결 가능한 문제이다.

그 처방은 학생들이 성인이 되어 어떤 직업에 종사하더라도 먹고사는 걱정 없이, 사회적인 차별 없이 당당하게 모든 노동이 대우받는 안전한 사회를 만드는 것만이 뿌리 깊은 심각한 교육 문제 해결의 근본적인 처방전이다.

곧 탄생할 6월 새 정부에 바란다. '노동 문제와 교육 문제 해결의 함수관계'를 제대로 인식하고 제대로 된 처방전을 내길 고대한다. 그것이 7세 고시를 '근본적으로 해결할' 유일한 처방전이다.

| 8 |

가정의 달에 생각하는…
교육의 출발점은?

5월은 가정의 달이다. 어린이날, 어버이날을 보내면서 부모와 자식의 관계와 역할에 대해 새삼 되돌아보고 곱씹게 된다. 30년대 말 태어나신 부모님과 60년대 중반생인 우리 부부, 그리고 90년대생인 두 자녀를 보면 딱 한세대씩 차이가 난다. 그리고 압축 성장을 거친 우리나라의 특징 때문인지 3세대는 너무나 다른 삶을 이력을 지나왔다.

아버지는 몇 해 전에 엄마가 돌아가셔서 지금은 홀로 계신다. 66년을 함께 살며 7녀 1남을 낳아 기르며 함께한 인생의 반려자와 영원히 헤어지시며 많이 슬퍼하셨다. 일제 강점기에 태어나 19살, 17살 어린 나이에 결혼하신 부모님은 딸 일곱을 내리 낳고 여덟 번째로 아들을 얻으시고는 무척 기뻐하셨다. 그러나 그 중간에 태어난 딸들은 바라던 아들이 아닌 탓에 엄마의 원망과 한탄의 대상이었다. 마치 1992년 방영 당시 엄청난 인기를 누렸던 텔레비전 드라마 '아들과 딸'에서 배우 김희애가 연기한 '후남이'와 같은 존재였다. 당시 이 드라마를 보면서 크게 공감했던 기억이 난다.

어린 시절 우리 딸들은 엄마에게 '쓸데없는 기집애들'이었던 거 같다.

엄마는 실제 이 말을 입에 달고 사셨는데 이런 대접을 받을 때마다, 너무나 억울하고 화가 나서 '우리가 선택해서 태어난 것도 아닌데 왜 낳아 놓고 구박하느냐'며 두 언니와 함께 작정하고 대든 적도 있었다. 아마 그렇게라도 억울함을 풀고 싶었던 거 같다. 지금도 당시에 당황하며 화를 내시며 회초리를 피해 달아나는 세 딸을 쫓아오던 엄마의 모습이 눈에 선하다.

그러나 우리 딸들을 기른 것은 엄마 혼자가 아니었다. 다행히 주양육자 중에 또 다른 한 사람인 아버지는 엄마와 딸들 사이에서 중립을 지키셨고 딸과 아들을 차별하지 않았다. 오히려 당시 권위적인 아버지들이 주를 이뤘던 사회 분위기에 비춰보면 훨씬 더 진보적인 아버지였다. 가난한 강원도 산골 농부 처지임에도 '땅을 팔고 빚을 내서라도 원하는 데까지 공부를 끝까지 시켜 주마' 말씀하시곤 했다. 중학교만 마치면 딸들은 공장에 보내면 된다는 인식이 주였던 당시 상황에서 아버지는 이런 행동 때문에 주변 사람들로부터 핀잔을 듣곤 하셨다.

필자를 같이 기른 또 다른 존재는 마을에 같이 사는 사람들이었다. 지금도 기억에 선한데 친구 집이나 작은집에 놀러 가면 엄마와 달리 친구 엄마와 작은엄마는 무척 친절하게 대하며 정성스럽게 따뜻한 밥상을 차려 주셨다. 그럴 때마다 집에서 엄마에게 받은 구박이 스르르 풀리는 느낌이 들곤 했었다.

우리를 품어 주고 키워 준 또 다른 존재는 대자연이었다. 농사일이 바쁠 때는 김매기나 고추 따기, 새 쫓기 등으로 종종 농사일을 도와야 했지만 그래도 시골의 자연은 놀거리 천지였다. 친구들과 종일 산으로 강으로 '싸돌아다니며' 신나게 놀았다. 산에서는 싱아를 비롯한 온갖 식물과 열매를 따 먹으며 하루 종일 놀았다. 강에서는 여름에는 피부가 몇 번씩 타서 벗겨질 정도로 헤엄치고 물고기를 잡으며 놀았고, 겨울에는 아버지가 만들어 준 썰매를 타고 얼음을 지치며 얼굴과 손발이 트는 줄도 모르고 놀았다.

우리들의 유년 시절은 어두워서 더 이상 놀지 못할 정도가 되어서야 마지못해 집으로 돌아올 정도로 친구들, 마을의 언니 오빠 동생들과 매일매일 깔깔거리며 신나게 놀았던 기억으로 가득하다. 이런 기억은 살면서 힘들 때마다 꺼내 보는 비타민 같은 추억이 되어 주었다.

이렇게 생활하던 중에 필자의 성장에 큰 영향을 끼친 또 하나의 사건은 전학 온 친구와의 인연으로 시작하게 된 책과의 만남이었다. 국민학교 3학년 때 서울에서 시골 교회 목사로 부임하는 아버지를 따라 전학 온 친구와의 만남이 계기였다. 책을 무척 좋아하던 이 친구를 따라 독서의 세계에 점차 빠져들게 되었는데, 사춘기까지 이어지며 당시 읽었던 많은 책들은 나의 삶의 자세와 가치관을 정립하는 데 큰 영향을 줬다.

이런 여러 인연과 사건과 시간이 쌓여 환영받지 못한 존재로 태어났던 '딸'은 자신의 삶을 주도적으로 개척하며 씩씩하게 살아가는 한 '사람'으로 성장해 왔다.

장 자크 루소는 「에밀」에서 사람을 성장시키는 3가지 스승으로 대자연, 인연, 사물을 들었다. 필자의 성장 과정을 돌아보면 딱 맞는 이론이다. 강원도 산골의 대자연, 부모님과 함께 마을 사람과 소중한 친구들과의 인연, 책과 대자연 속의 여러 사물이 한 아이를 함께 기른 것이다.

교사를 하면서 많은 학생을 만났고 그중에는 여러 어려움이 있는 학생도 많았다. 그래서 한 학생을 만나는 과정은 그 학생 하나가 아니라 그 학생을 둘러싼 온 우주와 만나는 과정이기도 하다. 학생에게 가장 가까이 있는 사람은 당연히 부모이거나 주보호자이다. 흔히 교사들이 '문제 학생 뒤에는 문제 부모가 있다'라고 표현될 정도로 학생들은 가정 생활 및 성장 환경과 강하게 연결되어 있다. 학생의 모든 행동은 거의 다 성장 환경이나 가정에서 강하게 영향을 받아 형성된 것들이 대부분이다. 그런 만큼 부모가 자녀를 잘 기를 수 있다면 가장 좋겠지만, 현실적으로 제대로 된 부모 노릇을 하는 것은 말처럼 그리 쉬운 일이 아니다. 특히나 형제가 거의 없고 가족의 형태 또한 너무나 다양해진 지금 현대사회에서는 더욱더 그렇다.

이런 현실에서 루소가 주장한 인간의 성장에 영향을 주는 3가지 스승은 더욱 소중하게 느껴진다. 또한 '한 아이를 기르기 위해서는 온 마을이 필요하다'라는 말처럼, 한 아이를 기르는 것은 부모뿐만이 아니라 아이를 둘러싼 모든 것이라는 인식을 부모도 사회도 같이 가질 필요가 있다. 세대 변화에 따라 달라진 시대 변화에 맞게, 우리 사회가 어떻게 아이들에게 3가지 스승인 대자연, 인연, 사물을 제공할지 적극적인 고민이 필요한 시점이다.

자연과 접할 수 있는 생태적 교육 환경과 체험 학습, 주양육자뿐만 아니라 세대를 넘어서는 다양한 인연과 관계 형성이 가능한 지역사회 마을공동체 조성, 스마트폰의 심각한 중독에서 벗어나 지역 내 생활 공간에서 독서 및 조작 활동을 통한 다양한 사물과의 만남이 가능한 사회 환경을 아이들에게 제공할 필요가 있다.

2주 뒤로 다가온 6.3일 대선이 끝나면 바로 새 정부가 들어선다. 대선 후보의 여러 공약 중에는 발전적인 교육 공약도 포함되어 있다. 이번 정부에서는 반드시 약속한 교육 공약을 지켜서 빈 공(호)약이 되지 않았으면 한다. 미래 세대가 잘 자랄 수 있는 사회 환경이 만들어져야, 초저출산 문제를 포함한 교육으로 인한 여러 심각한 문제 해결 또한 가능하다.

아이들의 성장에서 가정교육이 중요한 만큼, 이제는 아이들의 성장을 전적으로 가정교육에만 맡겨서도 맡길 수도 없는 사회 구조임을 인식해야 한다. 그리고 과거와 크게 달라진 사회 환경에 맞게 아이들의 성장과 교육을, 말 그대로 '요람에서 무덤까지' 사회가 같이 고민하고 책임지는 세상이 실현되는 사회가 되길 희망한다.

| 9 |

이재명 정부에 거는 기대: 다시,
진짜 교육을 꿈꾸며

6.4일 이재명 대통령의 '취임 선서 후 국민께 드리는 말씀'을 들으며 교육 개혁에 대한 기대감이 다시 차올랐다.

대한민국 교육은 오랜 시간 변화를 갈망해 왔다. 지난 민주 정부들은 교육 불평등 해소와 경쟁 완화를 위한 다양한 정책들을 약속했고, 국민들은 그 약속에 기대를 걸었다. 하지만 교육 현장의 경쟁은 더욱 심화되었고, 사교육 시장은 팽창을 거듭하며 우리 아이들을 옥죄는 현실은 점점 더 심화되었다. 민주정부의 교육 공약 조차도 그냥 선거용일 뿐인가 생각되었다.

그러나 이재명 대통령 취임사를 들으며 이전과는 다를 것이란 믿음이 생겼다. 내란을 극복하고 들어선, 진짜 대한민국을 약속한 일 잘하는 이재명 민주정부이기에 그렇다.

과거 민주정부의 한계, 반복된 아쉬움

기대가 컸던 노무현 정부는 '공교육 정상화'와 '대학 서열화 해소'를 주요 교육 과제로 내세웠다. 학생부 종합 전형 도입 등 입시 제도 변화를 통해 다양하고 창의적인 인재를 양성하겠다고 했다. 그러나 복잡해진 입시 전형이 사교육을 부추기는 요인이 되었고, 특목고·자사고의 영향력은 오히려 커지면서 교육 양극화는 심화되었다. 문재인 정부 역시 '고교 서열화 해소'와 '대입 공정성 강화'를 약속하며 자사고·외고·국제고의 일반고 전환 등의 정책을 추진했지만 잦은 입시 정책 변화는 혼란을 야기했다. 학생과 학부모들은 불안감 속에 더욱 사교육에 매달리게 되었다. 심지어 코로나19 팬데믹으로 인한 원격 수업의 장기화는 학습 격차를 더욱 벌려 놓았다.

지난 민주정부들의 교육 개혁 정책은 실제 교육 현장에서는 의도치 않은 부작용을 낳으며 경쟁 교육과 사교육 심화라는 현실을 바꾸지 못했다.

그 결과 사교육비는 폭증했다. 통계청과 교육부의 '초·중·고 사교육비 조사'에 따르면, 2023년 초·중·고 사교육비 총액은 약 27조 1천억 원으로 역대 최고치를 기록했다. 이는 문재인 정부 출범 전인 2016년 18조 1천억 원 대비 무려 약 50% 이상 증가한 수치다. 학령 인구 감소에도 불구하고 1인당 월평균 사교육비는 계속 증가하여 2023년에는 43만 4천 원에 달했다. 사교육이 선택이 아닌 필수가 되어 버린 현실을 보여 준다.

학생들의 정신 건강은 악화일로다. 교육부와 질병관리청의 '학생 건강검사 결과'에 따르면, 2022년 기준 초·중·고 학생의 우울감 경험률은 27.5%로 나타났으며, 이는 2018년 24.3% 대비 증가한 수치다. 또한, 청소년 사망 원인 1위는 수년째 '고의적 자해(자살)'가 차지하고 있으며, 통계청 자료에 따르면 2022년 10대 자살률(인구 10만 명당)은 5.6명으로 전년 대비 증가 추세를 보이고 있다. 극심한 입시 경쟁은 우리 아이들을 벼랑 끝으로 내몰고 있다.

교권 침해도 심각하다. 교육부의 '교권 침해 현황' 자료에 따르면, 2022학년도 교권 침해 심의 건수는 3,035건으로 전년 대비 1,000건 이상 급증했다. 교사들은 학생 생활지도와 교육 활동에 대한 좌절감과 무기력감에 시달리고 있으며, 이는 교육의 질 저하는 물론 교사들을 죽음으로 내몰고 있다.

이처럼 지난 정부들의 교육 정책은, 경쟁 교육과 사교육 심화라는 현실을 바꾸지 못했다. 그 이유는 정책의 예측 가능성 부족, 충분한 사회적 합의 없는 졸속 추진, 입시 위주의 교육 패러다임을 근본적으로 바꾸지 못한 한계 때문이라고 판단된다.

이재명 정부에 바라는 진짜 교육의 시작: 교사 정치 기본권 보장을 통한 교육 혁신

이제 이재명 정부에게 진정으로 국민의 삶을 바꾸는 교육 정책을 펼칠 기회가 주어졌다. 필자는 이재명 정부가 약속한 교육 공약들이 단순한 구호에 그치지 않고, '진짜 대한민국을 만드는 진짜 교육'으로, K-교육으로 실현되길 강하게 요청한다.

경쟁적 입시 위주 교육에서 벗어나, AI 시대에 필요한 비판적 사고력, 창의적 문제 해결 능력, 의사소통 및 협업 능력 함양을 위해 학생 참여 중심의 수업을 확대하고, 디지털 문해력 교육을 강화해야 한다. 또한, 취약 계층 학생 지원을 강화하고 교사 역량 및 처우 개선을 통해 공교육의 질을 높여야 한다. 현재 학교를 아수라장으로 만들고 있는 늘봄 정책과 고교학점제처럼 취지와 달리 현장에서 어려움을 겪는 정책들은 충분한 인력과 예산 확보, 그리고 교사들의 의견을 반영한 현실적인 보완책 마련이 절실하다.

이러한 우리 교육이 직면한 복잡한 문제들을 해결하고 진정한 변화를 이끌어내기 위해서는 교육 현장의 전문가, 즉 교사들의 목소리가 정책 결정 과정에 실질적으로 반영되어야 한다. 유·초·중등 교육 현장의 문제를 가장 잘 알고, 그 해결 방안을 가장 치열하게 고민하는 이들은 다름 아닌 현장 교사들이다. 매일 학생들과 호흡하는 교사들은 누구보다 생생한 현장의 목소리를 가지고 있다.

그런데도 현행법상 공무원 신분인 교사들은 정치적 표현의 자유와 정당 가입 및 활동의 자유 등 기본적인 정치적 권리를 제한받고 있다. 심지어는 유·초·중등 교육의 수장인 교육감 선거에서조차 교수들과 달리 퇴직해야 도전할 수 있고, 좋아요조차 누르지 못하는 정치적 천민 신세이다. 이러한 교사의 정치 기본권 제한은 교육 정책이 현장의 목소리를 충분히 반영하지 못하고, 탁상공론에 그치는 결과를 초래하는 주요 원인 중 하나이다.

교사들의 정치 기본권 보장은 단순히 교사 개인의 권리 신장 차원을 넘어선다. 이는 교육 정책의 전문성을 높이고, 현장의 현실성을 확보하며, 궁극적으로 우리 아이들을 위한 더 나은 교육 환경을 만들어가는 필수적인 과정이다. 교사들이 정치적 중립을 유지하면서도 교육 전문가로서의 경험과 지식을 바탕으로 교육 관련 정책 수립 과정에 적극적

으로 참여하고, 교육 현장의 문제점을 공론화하며, 필요한 정책 제안을
할 수 있게 된다면 교육 개혁은 더욱 실질적이고 효과적으로 이루어질
것이다.

이재명 대통령은 지난 스승의 날에 대선 공약으로 '근무 시간 외 교사
의 정치 활동 보장'을 약속했다. 이재명 정부는 교사들의 정치 기본권 보
장을 통해 교사들이 교육 문제 해결의 진정한 주체가 될 수 있도록 길을
열어 주어야 한다. 이것은 실질적 교육 개혁의 시작점이 될 것이다.

물론 사회적 합의 과정에서 쉽지 않을 수도 있다. 하지만 미래 교육
을 향한 진정성 있는 고민과 끊임없는 소통, 그리고 강력한 추진 의지
가 있다면 불가능하지 않을 것이다. '소년공 출신의 일 잘하는 이재명
대통령'은 이미 그 가능성을 입증했다. 그래서 약속을 믿는다.

이재명 정부에서는 교육 공약들이 탁상공론이 아닌 '진짜 대한민국을
만드는 진짜 교육으로 현실화' 되기를 간절히 기대한다. 그래서 우리
아이들이 경쟁의 굴레에서 벗어나 행복하게 배우고 성장하며, 각자의
잠재력을 최대한 발휘할 수 있는 미래가 열리길 희망한다.

"학생이 주인인 교육, 학생이 행복한 교육, 진짜 대한민국에서 미래
세대가 진짜 교육 속에서 성장할 수 있기를 고대한다."

교육의 정치적 중립의 허상과 현실,
늘봄학교와 리박스쿨로 드러난 실상

최근 교육계를 뜨겁게 달군 '리박스쿨' 논란과 '늘봄학교' 정책은 학교가 과연 정치로부터 자유로운 중립 지대일 수 있는지에 대한 근본적인 질문을 던진다. 법령으로는 교육의 정치적 중립을 명시하지만, 실제로는 정치적 지형에 따라 학교 교육이 180도 달라지는 것이 현실이다. 이런 상황은 반드시 혁신되어야 한다. 구시대적 유물인 교사의 정치적 기본권 논란을 넘어, 비판적 정치 교육이 이루어지고 종교의 자유처럼 교육의 정치적 중립도 '내용적으로' 엄격히 지켜져야 한다.

법령 속 허상: 정치적 지형에 따라 널뛰는 학교 교육

대한민국 법령은 교육의 정치적 중립과 교사의 정치적 중립 의무를 강조한다. 그러나 현실은 최근의 '리박스쿨' 논란처럼 이러한 법적 중립성이 얼마나 허구적인지 여실히 보여준다. 특정 역사관을 담고 있는 자료가 학교 수업에 활용된 것을 두고 진영 간 격렬한 공방이 오갔는데, 특정 시각을 담은 자료를 두고 논란이 벌어진 것 자체가 이미 학교가 정치적 담론의 한복판에 서 있음을 보여주는 방증이다.

더욱 심각한 것은 교육이 백년지대계라는 말이 무색하게, 정치판 구성에 따라 하루아침에 학교 현장이 180도 뒤집히는 현실이다. 한 예로 교장으로 근무하던 2022년 겨울, 서울시교육청의 전자칠판 설치 계획이 서울시의회에서 예산 전액 삭감으로 좌절된 사례는 이런 현실을 단적으로 보여준다. 2021년 지방선거 결과에 따라 서울시의회 다수당이 바뀌면서, 이미 확정된 교육 사업 예산이 사라진 것이다. 신청한 학교들은 예정된 전자칠판 설치를 염두에 두고 학기 말에 교실 배치를 새로 한 상황이라 난감했다. 필자가 근무하던 오류중학교는 낡은 교문을 교체하려던 예산을 바꿔서 설치했지만, 남은 예산이 없던 학교들은 큰 혼란을 겪었다.

이처럼 대통령 선거, 국회의원 선거, 지방의회 선거까지 정치인들의 역학관계에 따라 널뛰듯 흔들리는 것이 우리 교육의 현실이다. 학교의 정치적 중립을 실제로 흔드는 주범은 바로 정치권으로 안정적이고 지속적인 학교 교육 활동을 방해하고 있다.

늘봄학교, 정치적 의지에 휘둘리는 교육의 본질

'늘봄학교' 정책 역시 정치적 지형이 교육 현장에 미치는 영향을 보여주는 대표적인 사례다. 얼마 전 서울의 한 초등학교 교장 선생님으로부터 늘봄 정책 때문에 학교가 '폭탄'을 맞은 것 같다는 하소연을 들었다. 3월 개학하면서 1학년에게 늘봄을 즉시 적용하면서, 학교는 혼란의 도가니였다. 낯선 학교 공간에 적응할 시간도 없이 시행되면서, 담임교사가 방과후에 아이들의 손을 잡고 미로 같은 학교를 이리저리 데려다줘야 했고, 이동 중 사라지는 아이들 때문에 학교와 부모 모두 놀란 가슴을 쓸어내려야 했다. 방과 후에 자녀를 충분히 돌볼 수 있는 부모들까지 늘봄학교를 신청하면서 학교의 어려움은 더욱 가중되었다고 했다.

맞벌이 부부가 많아지면서 방과 후에 자녀를 안심하고 맡길 질 좋은 돌봄 공간이 필요한 것은 절실한 사회적 문제이다. 두 자녀를 기르며 직장 생활을 했던 필자 또한 너무나 절실하게 느끼는 문제다. 중요한 문제이니만큼 사회적으로 함께 고민해서 제대로 잘 준비하여 해결할 문제이다. 그러나 우리나라는 다른 선진국들과 달리 방과후 아이 돌봄 문제를 무조건 학교로 밀어 넣어 해결하려 한다.

이미 늘봄 정책 시행 이전에도 초등학교는 방과후학교와 돌봄교실로 인해 정상적인 학교 운영에 어려움이 매우 컸었다. 교사들은 본연의 교육 활동에 집중하지 못하고 온갖 행정 업무를 지원해야 했고, 교실 사용도 어려워져 방과후에 다른 교육 활동을 계획하기 어려운 상황이었다. 상황이 이런데도 윤석열 정부는 현장 교사들의 반대와 우려에도 불구하고 '늘봄정책'을 우격다짐으로 충분한 준비 없이 밀어붙였다. 이번 리박스쿨 사태는 이런 상황과 밀접하게 관련되어 있다. 제대로 차분하게 준비할 시간 없이 추진되는 과정에서 제대로 검증되지 않은 단체가 강사 위탁 업체로 지정되어 벌어진 일이기 때문이다.

추상적인 '정치적 중립'이라는 법령 뒤에 숨어 특정 이념을 주입하려는 시도에 대해서는 더욱 엄정한 처벌이 필요하다. 명백하게 편향된 정치적 교육을 시도한 경우에는 징계는 물론, 관련 법규를 현실에 맞게 정비하여 강력한 처벌로 경각심을 일깨워야 한다.

허울뿐인 중립을 넘어, 비판적 정치 교육으로

공무원의 정치적 중립은 1960년 3. 15 부정 선거에서 공무원들이 정치적 외압에 동원되어 선거 부정을 저지른 것에 대한 반성에서 비롯되었다. 하지만 이후 1963년 박정희 군사정부가 「국가공무원법」에 '공무원 정치활동 금지' 조항을 넣어 현재까지 이어지면서, 애초에 공무원을 보호하려던 중립성 원칙이 오히려 정치적 자유를 제한하는 도구로 변질된 것이다.

핵심은 교사가 개인으로서 어떤 정치적 견해를 가지느냐가 아니라, 교육 현장에서 그 견해를 학생들에게 주입하거나 편향되게 가르치지 않는 것이다. 종교의 자유처럼, 교사 개인은 다양한 정치적 견해를 가질 수 있고 학교 근무 시간 외에는 자유로운 정치 활동을 할 수 있어야 한다.

이제는 허울뿐인 교육의 정치적 중립을 넘어 학생들이 학교에서 정치 상황에 대해서도 비판적인 사고 능력을 기를 수 있도록 보이텔스바흐 합의 관점에서 적극적인 교육이 이루어져야 한다. 보이텔스바흐 합의는 교사의 교화 금지, 사회적 논쟁의 학교 내 논쟁적 다룸, 그리고 학생들의 비판적 참여 능력 함양을 강조한다.

이는 교사가 특정 정파의 나팔수가 되는 것을 의미하지 않는다. 오히려 다양한 정치적 관점을 공정하게 제시하고, 학생들이 스스로 정보를 분석하고, 질문하며, 토론하는 능력을 키우도록 돕는 것을 의미한다. 이를 통해 학생들은 단순히 특정 이념을 주입받는 것이 아니라, 복잡한 사회 문제를 스스로 이해하고 합리적인 판단을 내릴 수 있는 능력을 기르게 될 것이다.

　리박스쿨과 늘봄학교 사태는 우리 교육 시스템이 법적 중립이라는 이상과 정치적 현실 사이에서 얼마나 혼란을 겪고 있는지 여실히 보여 준다. 이제는 과거의 허울뿐인 '정치적 중립'이라는 틀에서 벗어나야 한다. 법적으로 정치적 중립을 강제하되, 그 해석과 적용에 있어서는 '악마는 디테일에 있다'는 교훈을 명심해야 한다. 특정 정치 세력의 입맛에 따라 교육 정책이 널뛰듯 바뀌는 것을 막고, 동시에 학교 안에서 특정 편향적 정치 교육이 이루어지는 것을 강력히 처벌해야 한다. 궁극적으로 학교는 특정 정치 세력의 도구가 아닌, 학생들이 건강한 민주 시민으로 성장하는 배움의 공간이 되어야 한다.

　정치의 뜻은 "특정 사회에서 구성원들의 삶에 영향을 미치는 공통의 문제를 해결하고, 이견을 조율하며, 자원을 배분하기 위해 권력을 행사하고 의사결정을 하는 일련의 사회적 과정"이다. 이런 정치의 본질을 가르치지 않고 어떻게 학생들이 민주 시민으로 성장할 수 있겠는가?

"1년을 2년처럼 살아야 해요…"
고교학점제 현장 목소리와 학습권 실현의 조건

"1년을 2년처럼 살아야 해요."

올해 고등학교 1학년 수업을 맡은 어느 교사가 '학교가 폭탄을 맞은 거 같다'며 한 말이다. 고교학점제는 학생들이 흥미와 적성에 맞는 맞춤형 수업을 받도록 한다는 목표로 올해부터 전면적으로 시행되었다. 그러나 고등학교 현장의 혼란은 상상 이상이다. 새로운 정책을 처음 시작하며 나타나는 일시적인 실태라고 진단하며 넘기기엔 학교 현장의 목소리는 심상치 않다.

"교육은 없고 형식만 남은 거 같아요"

먼저 1년이 2년 같은 직접적인 요인은 학기별 교과 운영으로, 학기별로 교과별 생활기록부의 모든 기록을 마쳐야 한다는 점이다. 생활기록부의 '과세특(과목별 세부능력 및 특기사항)'을 학기마다 수업하는 모든 학생들에 대해 작성해야 한다. 과세특은 학생의 교과 학습 활동을 구체적으로 기록하는 항목으로, 수업 중 드러난 학생의 성취 기준에 따른 성장 과정, 지식·기능·태도, 그리고 교과 역량을 중심으로 작성한다. 각 과목 교사가 직접 관찰하고 평가한 내용을 바탕으로 학생의 잠재력과 전공 관련 역량을 보여주는 중요한 지표가 될 수 있도록 작성해야 한다. 서울의 경우 교사 수 감축으로 2025년 학급당 실제 학생 수는 평균 30명 안팎이다. 고교학점제로 과목이 많아지면서 교사들은 학기당 3~4과목을 가르치기도 한다. 과목별로 주당 시수에 따라 달라지겠지만 한 학기에 가르치며 관찰하고 기록해야 할 학생수에 따라 글자수는 수십만자에 달할 것이라 한다. 과도한 업무량도 문제이지만 과연 교육적으로 의미 있는 행위일지 의문이 든다.

심각한 또 다른 문제로, 최소성취기준 문제이다. '초등학교와 중학교 때도 보장 안 했던 최소성취수준을 고등학교 때 어떻게 보장을 할 수 있는가? 고등학교 때는 이미 문해력 습득의 결정적 시기를 지나쳐와서 고등학교 때 보완해 주기가 현실적으로 매우 어렵다'는 점이다. 필자도 중학교 과학 교사로 그동안 많은 학생들을 가르친 경험이 있다. 우리나라처럼 1교실 1교사인 상황에서 모든 학습 부진 학생의 문해력을 최소성취기준을 넘도록 고등학교에서 끌어올리는 것은 현실적으로 불가능하다. 실제로 갑자기 고등학교 때부터 원칙을 적용하여 낙제를 시킨다면 우리나라의 학교 문화 속에서 이를 수용하고 따를 학부모와 학생이 과연 얼마나 있을까 되묻지 않을 수 없다.

위 문제 외에도 교사들이 말하는 문제는 너무 많다.

'결석일수가 많은 학생이 어쩌다 학교 나왔을 경우 모든 과목 선생님이 그 학생 수행을 하기 위해 줄을 서야 하는 현실인데, 그 학생은 어쩌다 학교 나왔다가 질려서 학교도 못 올 지경으로 결국은 자퇴로 귀결됨',

'과목별 수행평가를 해야 할 영역을 교육청이 지침으로 지정해줘서 수행평가 수 많아짐. 예를 들어 영어의 경우 듣기, 말하기, 쓰기 각 영역에서 수행을 해야 한다고 지침이라, 한 학기 최소 수행을 3개 이상은 봐야 하는 상황',

'공동교육과정(공유 캠퍼스) 운영은 1년에 각 학기별 2과목을 운영해야 하니, 학기마다 학생 선발을 해야 하고, 그에 따른 여러 가지 업무들도 2배가 되는 상황',

'원래는 학생의 진로와 희망에 따라 과목을 선택해야 하는데… 일부 학교는 1학기에 선택한 일반과목의 진로과목을 2학기에도 선택하도록 의무로 묶어서 선택을 강제해서 다른 과목 선택이 제한되는 현실',

이런 여러 어려움으로 '고등학교 교사들은 중학교로의 이동을 심각하게 고민하게 만들고 있으며, 교육은 없고 형식만 남은 상황이다'라고 하였다.

학습자의 학습권 실현은 어떻게 가능한가?

고교학점제의 도입 취지에 반대하는 사람은 아마 거의 없을 것이다. 필자 또한 고교학점제의 지향에 찬성하며 도입 취지대로 학생들의 흥미와 적성에 맞는 교육이 이루어져야 한다고 생각하고 있다. 박사 학위 논문 주제도 '학습권 실현 조건 탐색'을 연구했는데 학습권의 개념은 아래와 같다.

학습권은 학습을 수행하는 당사자인 학습자의 주체적 입장에서 기술하는 능동적인 개념으로, 학습자가 국가나 사회에서 제공하는 교육을 받을 권리를 포괄한다. 학습권은 학습자가 태생적으로 가진 학습하는 능력에 의한 자유와 권리를 포함하는 기본권으로, 학교에서 이루어지는 교육뿐 아니라 학교 밖의 교육이나 비형식적 교육을 포함하여 학습자가 필요로 하는 장소와 시기에 학습자의 삶에 필요한 지식이나 기술 등을 주체적으로 구성하여 능동적으로 학습할 수 있는 권리이다.

지금까지 우리나라 학교 교육은 학생들이 학습권을 실현할 수 있도록 보장해 왔다고 말하기는 매우 어렵다. 이런 상황에서 고교학점제는 학생들이 자신이 하고 싶은 공부를 할 수 있도록 선택권을 주고자 하였다는 점에서, 학습권 실현을 위해 지향해야 할 방향이다. 그러나 학습권이 실현되기 위해서는 그에 맞는 조건이 같이 뒷받침되어야 한다. 연구 결과 학습권 실현 요소와 학습권 실현 형태는 다음과 같았다.

학습권 실현 요소를 추출하면, '1)학습 주체: 생태적 학습능력을 가진 학습자, 2)학습 목적: 학습자의 삶과 연계된 유의미성, 3)학습 내용: 교육과정 선택과 구성권, 4)학습 형태: 학습자의 주체적 참여, 5)학습 장소: 학교 또는 학교 밖의 공간, 6)학습 시기: 나이 제한 없이 언제든지, 7)교육제도: 학습권이 실현될 수 있는 제도적 장치 마련'을 들 수 있다…
(중략)

학습권이 실현된 형태는 '학습자가 자신의 자아실현과 행복한 삶의 추구를 위해 필요한, 학습자에게 유의미한 학습 내용을 스스로 선택하고 구성하여, 학습자가 주체적으로 참여하는 학습 방법으로, 학습하기에 적합한 장소라면 학교나 학교 밖의 다양한 곳 어디에서나, 나이와 관계 없이 학습의 필요성을 느낄 경우 언제라도 학습할 수 있는 것'이다.

학습자의 학습권이 실현되기 위해서는 국가, 교육기관, 지역사회는 학습자가 학습권을 실현할 수 있도록 학습 환경과 학습 기회를 제공하고 지원해야 하며, 교사는 학습자가 학습을 잘 수행하도록 촉진하고 도와주며 상호작용하는 촉진자의 역할을 수행해야 한다.

학생들의 학습권 실현은, 국가가 학습자가 학습권을 실현할 수 있는 학습 환경과 학습 기회를 세심하게 설계하여 제공하는 것이 기본전제가 되어야 한다. 그 바탕 하에서 학교와 교사는 학생들이 학습을 잘 수행하도록 촉진하고 도와주며 상호작용하는 역할을 수행할 때 학습자의 학습권 실현은 비로소 가능하다.

이상만이 현실을 바꿀 힘을 갖고, 악마는 디테일에 있다.

'이상만이 현실을 바꿀 힘을 가지고 있다'. 일본의 철학자 기시미 이치로가 한 말이다. 그러나 '악마는 디테일에 있다'라고 한다. 이것이 작금의 고교학점제와 관련하여 시사하는 바는, 고교학점제 제도가 우리가 추구해야 할 이상으로 지금의 교육 현실을 바꿀 힘을 가지고 있더라도, 현실화시킬 수 있는 구체적이고 세심한 준비가 없다면 '악마로 작용한다'라는 의미일 것이다. 새 정부는 '바쁠수록 돌아가라'는 옛 속담의 지혜를 되새기며, 장기적인 시각에서 사회적 공론화 과정을 차근차근 거쳐 교육학점제 도입 취지대로 교육 대전환을 이룰 수 있는 교육 정책을 펴나가길 고대한다.

12

"공부하다 죽지 않을 권리,
가르치다 죽지 않을 권리"

최근 SPC그룹이 이재명 대통령 방문 이틀 만에 생산직 야간 근로를 8시간 이내로 제한하겠다고 밝혔다. 지난 7월 25일 SPC 현장 간담회에서 이재명 대통령은 날카로운 질문으로 반복되는 사고의 원인을 심야 장시간 노동으로 지목했다. 특히 회사가 추가 비용 없이 3교대 전환이 가능한 데도 저임금으로 노동자들이 2교대 야간 초과 근무를 선택할 수밖에 없다는 지적에 현장 관계자들은 수긍할 수밖에 없었다.

이 간담회 영상은 필자에게 깊은 감동과 함께 많은 생각을 안겨주었다. 소년공 시절 산재를 경험했던 이재명 대통령이기에 이처럼 노동 현장을 속속들이 꿰뚫어 보고 송곳 같은 질문을 던질 수 있었을 것이다. 김용옥 철학자의 말처럼 '전태일이 대통령이 된 것 같다'는 평이 과장이 아님을 느끼게 했다.

교육 현장의 비극: 40년 전 외침과 현재의 죽음

'일하다 죽지 않을 권리'와 마찬가지로 '공부하다 죽지 않을 권리'와 '가르치다 죽지 않을 권리'는 우리 사회가 시급히 해결해야 할 문제다.

1986년 1월, 서울사대부속여자중학교 3학년 O양은 "행복은 성적 순이 아니잖아요"라는 유서를 남기고 세상을 떠났다. 그녀는 유서에서 "나의 죽음이 결코 남에게 슬픔만 주리라고는 생각지 않아. 그것만 주는 헛된 것이라면, 난 가지 않을 거야. 비록 겉으로는 슬픔을 줄지는 몰라도, 난 그것보다 더 큰 것을 줄 자신을 가지고 그것을 신에게 기도한다. 1986년 1월 15일 새벽에"라고 간절히 기도했다.

40년이 흐른 지금, 자신의 죽음이 교육 변화의 희망이 되기를 바랐던 어린 소녀의 기도는 현실이 되지 못했다. 오히려 더 많은 학생이 죽어가고, 교사의 죽음까지 더해져 사회 문제는 더욱 심각해졌다. 교육부 통계에 따르면 학생 자살자 수는 10년 새 2.3배 증가했고, 청소년 자살 시도율은 2.8%에 달하며 OECD 국가 중 최고 수준이다. 서울 양천구의 한 담임교사는 반 학생의 3분의 1 이상이 우울, 자해, 자살 시도 등으로 어려움을 겪고 있다며 너무 심각하다고 전했다. 교사 자살자 수도 매년 20명대로 조사되었고, 2024년은 8월 말 기준 19명에 달했다. 특히 초등교사 자살자 수가 전체의 약 50%를 차지하는 것은 초등교사들이 교육 활동 과정에서 겪는 어려움이 얼마나 큰지 보여준다.

구분	2015년	2023년	2024년
학생 자살자 수(초 · 중 · 고교생)	93명	214명	221명

구분	2021년	2022년	2023년	2024년(8월 말 기준)
교원 자살자 수	25	20	25	19

　이러한 학생과 교사들의 죽음은 단순한 개인적 자살이 아닌, 사회적 타살로 봐야 한다. '서울대 10개 만들기'와 같은 정책으로 대학 서열화를 다소 완화하는 것만으로는 이 심각한 문제를 해결하기 어렵다. '학교에서 공부하다 죽지 않고, 가르치다 죽지 않을 권리'를 보장하기 위해서는 교육을 바라보는 패러다임의 근본적인 혁신이 필요하다.

이재명 정부 교육부 장관에게 바란다: '학교에서 죽지 않을 권리' 보장

　교육 개혁의 어려움을 일본의 한 학자는 '교육 개혁은 달리는 자동차를 세우지 않고 고치는 것과 같다'고 비유했다. 교육 문제 해결은 다른 어떤 분야보다 어렵다. 역대 진보 정부들이 다양한 교육 개혁을 시도했지만, 현실은 오히려 더 악화되었다. 교육은 실용을 앞세울 영역이 아니다. 교육은 사회 속에서 타인과 공존하며 자신의 인생을 잘 살아갈 가치관과 기본 역량을 기르는 과정이기 때문이다.

　최근 이재명 정부는 이진숙 전 충남대 교수를 교육부 장관 후보자로 지명했으나, 자질과 역량 문제가 논란이 되어 결국 철회했다. 이제 누가 다음 교육부 장관 후보로 지명될지 교육계의 관심이 쏠리고 있다. 이재명 대통령이 노동 현장을 속속들이 아는 것처럼, 교육부 장관 또한 학교 현장을 깊이 이해하는 인물이어야 한다. 주경야독으로 중고등 과정을 마친 이재명 대통령이기에, 유·초·중등 교육 현장을 잘 아는 교육부 장관의 자질과 역할은 더욱 중요하다. 일부 유·초·중등 교육계에서는 교사 출신이면서 교육감과 국회의원 경험을 가진 인물을 추천하고 있지만, 언론 보도를 보면 이번에도 유·초·중등 교육에 대한 이해가 부족한 인사가 될 가능성이 높아 보인다.

7월 29일 국무회의에서 이재명 대통령은 포스코의 잇따른 노동자 사망 사건에 대해 "미필적 고의에 의한 살인"이라며, "죽어도 어쩔 수 없다"는 식의 인식을 강하게 질책했다. 이재명 대통령은 "사람 목숨을 목숨으로 여기지 않고 작업 도구로 여기는 것 아닌가"라고 지적하며, "나와 내 가족이 귀하듯 일하는 노동자도 누군가의 가장이고 가족이며 남편이고 아내다"라고 강조했다.

필자는 대통령의 이러한 관심과 날카로운 지적이 교육 현장에도 그대로 적용되기를 간절히 바란다. '죽어도 할 수 없다, 죽어도 어쩔 수 없지'라는 인식은 현재 교육 현장도 마찬가지다. 반복적으로 일어나는 공부하다 죽어가는 학생들, 가르치다 죽어가는 교사들의 죽음은 미필적 고의에 의한 살인과 다름없다. '살자고 공부하고 가르치는데 교육 현장이 전쟁터가 된 상황'이며, '사람 목숨을 목숨으로 여기지 않고 공부하는 기계, 가르치는 기계로 여기는 것 아닌가' 하는 생각마저 든다.

누군가의 자식이며 형제자매인 학생들, 누군가의 가장이자 남편이고 아내인 교사들의 죽음 또한 노동 문제와 같은 시선으로 새 정부에서 검토하고 해결되기를 간곡히 소망한다. 그리고 '직을 걸고' 교육 문제를 해결할 수 있는 적임자가 교육부 장관으로 임용되기를 고대한다.

13

교육 분야 국정과제,
교사 출신 최교진 교육부장관후보자에게 바란다

지난 8월 13일 최교진 세종시 교육감이 교육부 장관 후보로 지명되었다. 진보진영 교육계는 일제히 환영했다. 이진숙 후보 낙마 뒤 교육부 장관후보로 누가 지명될지 관심이 컸고 최교진 세종시 교육감을 추천하는 서명운동도 있었고, 필자도 적극 참여했다. 교육 현장의 문제를 누구보다 잘 알고 있을뿐더러 교육개혁의 성과를 내온 후보라 기대하는 마음이 크다.

이재명 정부 교육 목표, '인재양성'이 핵심?

국정기획위는 같은 날 이재명 정부 123대 국정과제를 발표했다. 교육 분야를 재구조화하여 제시한 내용을 살펴보면 'AI디지털 시대 미래 인재 양성-초·중·고 AI활용 교육 강화'를 첫 번째 과제로 제시했다. 게다가 '기초·인문학 교육 강화' 앞에 'AI역량의 기반인'이라는 수식어가 붙어 있다. 이재명 정부가 초·중·고 교육의 교육 목표에서 가장 중요하게 생각하는 점이 무엇일까 의구심이 절로 든다. 과연 공교육 목적이 AI 인재 양성이 우선인가? 기초·인문학 교육 강화는 그 자체로 교육 목적이 되어야 마땅하지 않은가? 교육 목적이 경제 논리에 종속된 것은 아닌지 우려되는 지점이다.

각자의 가능성을 키우는 교육

우리나라 교육의 가장 큰 목표가 무엇인지, 이재명 정부와 교사 출신 교육부 장관 지명을 계기로 사회적 논의가 필요하다. 지난 윤석열 정부의 AI 디지털 교과서(AIDT) 추진은 학교 현장에 큰 혼란을 초래했다. 이재명 정부 들어서야 교과서가 아닌 교육 자료로 바뀌었지만, AIDT 논쟁에서 제기되었던 본질적인 문제의식이 제대로 반영되었는지 의문이 든다.

우리나라 교육의 목적은 교육기본법 제2조에 명확히 제시되어 있다. '홍익인간의 이념 아래 인격을 도야하고 자주적 생활 능력과 민주시민으로서의 자질을 갖추어 인간다운 삶을 영위하게 하는 것'이다. 더불어 사는 이타적인 삶, 전인적인 인간, 주체적인 삶의 능력, 민주시민의 자질 함양으로 인간적인 삶을 영위할 수 있도록 기르는 것이 교육 목적이다. 핀란드가 학생들의 '웰빙'을 교육 목표로 삼아 주목받는 것처럼, 교육은 전인적인 인간을 기르는 데 초점을 맞춰야 한다.

현재 우리나라 교육 문제는 심각하다. 자살 학생 수는 세계 최고 수준이고, 교사들의 자살률도 높아지고 있다. 이러한 상황에서 최교진 후보자가 가장 중요하게 생각해야 할 교육 개혁 방향은 무엇일까?

교육 목적에 부합하는 세 가지 개혁 방향

첫째, 경쟁이 아닌 공존과 협력의 교육으로 학교 공동체를 살려야 한다.

1등부터 꼴찌까지 줄 세우는 상대평가, 경쟁에 기반한 교원 평가와 성과급, 그리고 도를 넘는 학부모 민원으로 학교는 병들고 있다. 하지만 진보 교육감이 추진한 혁신학교 정책은 의미 있는 성과를 거두었다. 이 성과가 일부 학교에 그치지 않고, 교육 혁신 정책으로 제도화될 수 있는 방안을 마련해야 한다.

둘째, 유·초·중등교육이 교육 목적에 맞게 운영될 수 있는 시스템을 구축하여 학교를 지원해야 한다. 그간의 혁신 교육 성과는 상당 부분 교사들이 자신의 영혼과 시간을 '갈아 넣을' 정도의 헌신과 희생이 있어서 가능했다. 이것은 일반화되기 어렵다. 교사들이 학교에서 교육 활동에 전념할 수 있는 교육 활동 중심의 학교가 될 수 있는 시스템을 마련해야 한다. 올해부터 전면 시행된 고교학점제도 현행 입시제도 불일치와 함께 '쓸데없는 잡무 폭증'도 큰 장애 요소 중 하나이다. 아무리 이상적인 방향이라도 세심한 정책적 지원 없이는 공염불이 될 수밖에 없다.

악마가 디테일에 있다는 말처럼, 천사 또한 디테일에 있다. 교육 혁신의 주체인 교사들이 교육 본연의 업무에 전념할 수 있는 제도적 변화가 절실하다.

셋째, 학교 혁신과 자치를 위해 유·초·중등 교원의 정치 기본권을 보장해야 한다

학교 현장의 교육 문제와 해결책을 누구보다 잘 알고 있는 교육 현장 전문가는 교원들이다. 교육 개혁을 위해서도 교사들의 정당한 시민권은 보장되어야 마땅하다. 이재명 정부는 대선 과정에서 근무 시간 외 시간에 교원의 정치 기본권 보장을 공약한 바 있다. 그러나 중요한 이 공약은 국정기획위의 국민보고대회 발표 자료에는 보이지 않았는데, [과제102]에 하부 과제로 들어있다는 언론 보도가 있어서 다행이다.

[과제102] 학교 자치와 교육 거버넌스 혁신(교육부)
- 교권 보호 및 정치 기본권 확대
교원 직무 특성과 학교 실정을 반영한 민원 대응 지원 및 교원의 시민으로서 권리 보장 추진

그러나 교원 정치 기본권은 국민보고대회에서 언급조차 없었고, '확대'라는 표현은 여러 해석이 가능하다. 교원 정치 기본권은 정당 가입과 정치 자금 후원, 피선거권의 전면적인 보장이어야 한다. 사회적 논쟁을 피하려 적선하듯 찔끔 주는 방식의 '확대'여서는 안 된다. 근무 시간 외의 정치 활동은 다른 국민과 동일하게 보장되어야 한다. 교원의 정치 기본권은 정당 가입, 정치 자금 후원, 피선거권의 전면적인 보장

이어야 한다. 공약을 잘 지키는 이재명 대통령, 평생을 교육개혁을 실천해온 교사출신 최교진 장관 후보자에게 거는 공교육 정상화 기대가 그 어느 때보다 크다.

14

스마트폰 학교내 사용금지 법안 통과, 스마트폰이 아이의 미래를 결정한다!

2025년 8월 27일에 국회 본회의에서 사회적·교육적으로 중요한 법안이 통과되어 2026년 3월부터 시행될 예정이다. 초·중등교육법 일부개정법률안으로 아래 조항이 신설되었다.

제20조의5(교내 스마트기기의 사용 제한 등) ① 학생은 수업 중에 휴대전화 등 스마트기기(이하 "스마트기기"라 한다)를 사용하여서는 아니 된다. 다만, 다음 각 호의 어느 하나에 해당하는 경우로서 학교의 장과 교원이 허용하는 경우에는 수업 중에 스마트기기를 사용할 수 있다.

1. 장애가 있거나 특수교육이 필요한 학생 등이 보조기기로 사용하는 경우
2. 교육의 목적으로 사용하는 경우
3. 긴급한 상황 대응 등을 위하여 사용하는 경우

② 학교의 장과 교원은 학생의 학습권 보호와 교원의 교육활동을 위하여 필요한 경우에는 교내 스마트기기의 사용·소지를 제한할 수 있다.

③ 제2항에 따라 사용·소지를 제한하는 경우 제한 기준·방법, 스마

트기기의 유형 등 필요한 사항은 학칙으로 정할 수 있다.

4. 제20조의6제2항에 따른 교내 스마트기기 사용·소지 제한

그간 학교에서 학생들의 스마트폰 사용 문제는 뜨거운 논쟁이 되어 왔다. 학교에 휴대폰 사용·소지를 금지한 학칙은 국가인권위가 학생 인권 침해라고 결정했었다. 그러나 2024년 10월 국가인권위는 10년 만에 기존의 결정을 뒤집고 '학교 내 휴대전화 일괄 수거가 인권침해에 해당하지 않는다'고 다시 결정했다. 이런 변화들은 아동·청소년기 스마트기기 사용이 많은 심각한 문제를 일으킬 수 있다는 사실이 점점 드러났기 때문이다.

성장기 스마트기기 사용 문제, 뇌과학적 접근 필요

스마트기기 사용이 일상화·전면화되면서 스마트기기 사용이 성장기 뇌 발달에 미치는 폐해가 속속 드러나고 있다. 어린 시절부터 스마트기기를 접하며 자라나는 성장기 아이들의 성장 발달에 여러 문제가 있다고 보고되고 있다. 이 결과로 성장기 스마트폰 금지 논의는 우리나라보다 해외에서 먼저 이루어졌다. 프랑스는 2018년부터 아예 초·중학교 내 스마트폰 사용을 법으로 금지했으며, 네덜란드 또한 2024년부터 모든 학교에서 휴대폰 사용을 제한하고 있다. 중국은 2021년부터 초·중등학생의 개인 기기 소지를 엄격히 규제하고 부모 동의를 의무화하는 등 국가 차원의 통제에 나섰다. 뉴욕주는 2025년 2학기부터 '벨투벨(Bell-to-Bell)' 조례를 시행하여 등교부터 하교까지 스마트기기를 사용하지 못한다. 심지어 실리콘밸리의 기술 선구자들은 정작 자신의 자녀

에게는 스마트폰을 주지 않는 역설적인 선택을 하고 있다. 그들은 어린 시기 아이들의 뇌가 스마트폰 과잉 노출로 겪는 심각한 폐해를 그 누구보다 잘 알고 있기 때문이다.

인간의 뇌는 25세 전후까지 계속 성장한다. 특히 유·초·중등 성장기는 사고 능력을 관장하는 '전두엽' 영역의 신경 회로가 가장 활발하게 형성되는 '결정적 시기'다. 이때 스마트폰이 제공하는 즉각적이고 강렬한 보상 시스템은 뇌의 자연스러운 발달 과정을 방해한다. 소셜 미디어의 '좋아요' 알림, 게임의 성공 보상, 끊임없이 바뀌는 숏폼 콘텐츠는 뇌의 보상 중추인 '선조체'를 과도하게 자극한다. 이 자극으로 분비되는 도파민은 뇌를 쾌락에 중독시켜서, 공부나 독서처럼 느리고 장기적인 노력이 필요한 활동에 대한 흥미를 급격히 떨어뜨린다. 뇌가 더 이상 노력과 성취에서 보상을 찾지 못하게 되면서, 외부 자극에 길들여진 뇌는 스스로 동기를 찾고 인내하는 능력을 상실하게 된다.

노충구 한의사는『결국 해내는 아이들의 비밀』에서 외부 보상에 의존하지 않고, 자기 주도적 학습을 통해 성취감을 얻는 과정의 중요성을 자신의 풍부한 임상 사례를 통해 강조한다. 스마트 기기의 또 다른 치명적인 영향은 '주의력' 파괴로, 스마트폰은 우리의 뇌를 한 가지 일에 깊이 몰입하는 대신 여러 정보를 빠르게 훑어보는 '산만한 주의' 상태로 길들인다. 수시로 울리는 알림은 집중력을 계속 분산시키는데, 뇌는 이런 단기적인 작업 전환에 익숙해진다. 이로 인해 깊이 있는 사고, 논리적 추론, 복잡한 문제 해결 능력을 담당하는 전두엽의 기능은 현저히 저하된다. 뇌과학에서는 이를 '디지털 치매'라는 용어로 경고하는데, 이는 집중력 부족을 넘어 창의적 사고와 인지 능력을 근본적으로 약화시킨다.

청소년기 스마트폰 사용, 폭력·자살·우울 등의 사회적 문제 심화

얼마 전 넷플릭스에 공개된 '소년의 시간'이라는 영국 드라마가 큰 충격을 던졌다. 이 드라마는 청소년기 스마트기기 사용이 어떻게 한 소년을 살인까지 이르게 만들었는지 과정을 보여준다. 사이버 공간에서는 현실보다 더 은밀하게 폭력적이고 과감한 언어와 행동이 나타나기 쉽다. 익명성 뒤에 숨어 상대방을 공격하거나, '사이버 따돌림'으로 특정 학생을 고립시키는 행위는 피해자에게 회복하기 어려운 정신적 상처를 남긴다. 사이버 폭력은 현실 세계의 물리적 폭력보다 더 은밀하고 지속적으로 이루어져 피해자가 도움을 요청하기 어려운 상황을 만든다.

미국 사회심리학자인 조너선 하이트는 2010년대 중반 이후 전 세계적으로 급증한 청소년 자해, 우울증, 자살률의 주요 원인이 스마트폰과 SNS의 확산이라고 지목했다. 그는 '청소년들이 스마트폰을 통해 접하는 완벽하게 가공된 삶의 모습과 자신을 비교하며 깊은 상대적 박탈감과 고립감을 느끼게 된다'고 데이터를 제시하며 설명한다. SNS상에서 보여지는 '좋아요'의 수와 타인의 인정에 목매달게 되면서 자존감은 더욱 취약해지고, 과도한 스마트폰 사용은 만성적 수면 부족으로 이어지는데, 이는 우울증 발생 위험을 크게 높인다. 또한 스마트폰에 중독된 아이들은 현실의 복잡한 감정과 관계를 회피하고 디지털 세상의 피상적인 자극에 의존하게 되면서 정서적 빈곤을 겪게 된다고 경고한다. 그는 이러한 문제의 근본적인 해결책은 스마트폰이 대체해 버린 '놀이 기반 아동기'를 되찾아주는 것으로, 아이들이 또래들과 자유롭게 어울리며 뛰어놀고, 위험을 감수하고, 갈등을 직접 해결하는 경험이 매우 중요하다고 강조한다.

놀이의 중요성, 원시인의 몸(DNA)이 요구하는 발달 과정

학교에서 아이들은 쉬는 시간에도 뛰어놀지 않는다. 쉬는 시간 종이 치면 바로 휴대폰을 꺼내들기 때문이다. 친구들과 같이 있어도 각자의 폰을 들여다볼 뿐이다. 아이들은 함께 뛰어놀아야 한다. 놀이는 뇌의 전두엽을 훈련 시켜 문제 해결 능력과 자기 통제력을 길러 주고, 친구들과의 상호작용을 통해 사회성, 공감 능력, 협상 능력을 키우는 가장 자연스러운 방법이다. 또한, 실패와 좌절을 경험하며 스스로 회복하는 '회복탄력성'을 길러 줘 우울증이나 불안감에 쉽게 빠지지 않도록 돕는다. 놀이 기반 아동기는 단순히 즐거움을 넘어, 아이들이 건강한 자아를 형성하고 현실 세계에 대한 대응력을 기르는 필수적인 과정이다. 우리는 놀라운 기술력이 넘쳐나는 현대 시대에 살고 있지만 우리 몸의 유전자(DNA)는 여전히 원시시대 진화 과정을 담고 있는 정보대로 작동하고 있다. 성장기 몸이 요구하는 발달 과정과의 이런 불일치가 스마트폰 사용이 뇌 발달에 미치는 악영향이 나타나는 근본적인 이유이다. 이제 바꿔야 한다.

학교는 단순히 지식을 전달하는 공간이 아니다. 학생들의 뇌가 올바르게 성장하고, 건강한 사회 구성원으로 발돋움할 수 있는 토대를 마련하는 곳이다. 학교 내 스마트 기기 사용 금지 법안을 계기로 우리 아이들의 미래를 위한 '뇌 보호'라는 문제를 공론화하고 숙의해야 한다. 이는 첨단 기술의 혜택을 외면하자는 것이 절대 아니다. 뇌 발달의 황금기인 이 시기에 우리의 아이들이 기술의 노예가 아닌, 주체적으로 기술을 만들고 활용할 수 있는 건강한 뇌를 갖도록 돕는 길이다.

그리고 이것은 앞으로 AI의 노예가 아닌 AI의 주인이 될 수 있는 유일한 길이다.

| 15 |

'피처폰으로 돌아가다
(Back to the feature)'

초중등 아이들을 둔 대다수 영국 부모는 '자녀들과의 연락용으로 스마트폰이 아닌 피처폰을 사 주려 한다'고 전해 들었다.

과도한 스마트기기 사용과 중독 문제가 점차 심각해지면서 우리나라에서도 지난달 27일 학교 내 스마트기기 사용 제한 법률안이 국회를 통과해 내년 3월부터 시행된다.

스마트기기가 우리 생활 속으로, 전면적으로 들어온 것은 그리 오래된 이야기는 아니다.

2010년 스마트폰 보급이 12% 정도였을 때인데, 처음 스마트폰의 기능을 직접 경험하고 놀랐던 기억이 생생하다.

전철에서 이동 중에 급히 확인할 메일이 있다는 사실을 깨달았는데, 같이 가던 대학원생이 스마트폰을 꺼내서 바로 메일을 확인해 줬다. 당시에는 너무 놀랍고 신선한 충격이었다.

15년이 지난 2024년 기준, 성인의 98%가 스마트폰을 사용하고 있고 학생들 또한 초등 저학년 때부터 사 주는 경우가 많다. 특히 맞벌이가 많아지면서 방과 후에 자녀와의 연락이 필요해서 사 주게 되는데 피처폰을 원해도 구하기 어려운 실정이다.

이제는 다시 성장기 아이들의 건강한 발달을 위해서는 간단한 기능만 내장된 피처폰이 돌아와야 할 때이다.

법안 통과에 대한 대표적 '우려'

학교 내 스마트폰 사용을 전면적으로 금지하는 법안이 발의되어 통과되면서 교육계와 사회 전반에서 논쟁이 본격화되었다.

학생들의 학습권 보장과 수업 중 몰입도 향상이라는 법안의 취지에는 많은 사람이 공감하지만, 동시에 여러 우려의 목소리가 있다.

첫째, 학생들의 기본권 침해 문제다. 헌법이 보장하는 통신의 자유와 개인의 자기 결정권을 과도하게 제한한다는 비판이다.

수업 중이 아닌 쉬는 시간, 점심시간 등 학교 내 자유로운 시간에까지 스마트폰을 강제적으로 사용할 수 없게 하는 것은 학생들의 자율성을 믿지 못하는 처사이자 잠재적 일탈자로 간주하는 것이라는 지적이다.

둘째, 시대적 흐름에 역행하는 조치라는 비판이다.

이미 우리 사회는 스마트폰을 통한 정보 검색, 소통, 금융 거래 등 디지털 생태계와 밀접하게 연결되어 있다. 학교에서 스마트폰을 전면 금지하는 것은 학생들의 디지털 리터러시 교육 기회를 박탈하는 것이며, 미래 사회에 필요한 역량을 스스로 키워나갈 기회를 차단한다는 우려다.

2022년 OECD가 발표한 '국제 학업성취도 평가(PISA)' 결과에 따르면, 우리나라 학생들의 디지털 리터러시 능력은 여전히 낮은 수준에 머물러 있다.

스마트폰을 활용한 능동적인 학습 방법을 개발하지 않고, 단절을 선택하는 것은 오히려 퇴보를 초래할 수 있다는 지적이다.

셋째, 현실적인 실효성 문제다. 학교에서 스마트폰을 수거하더라도 학생들이 '공기계'를 가져오거나 몰래 사용하는 등 편법을 동원할 가능성이 있다.

스마트폰 사용을 금지한 일부 학교에서는 학생과 교사 간의 갈등이 심화되거나, 오히려 학생들의 숨어서 하는 사용이 늘어나는 부작용을 겪기도 했다.

이처럼 법안이 학생들의 행동 양식을 근본적으로 변화시키지 못하며, 오히려 교내 갈등의 씨앗이 될 수 있다는 지적이다. 방과후 부모와의 연락을 위해서는 등교시 휴대폰을 가져가야 하는 상황에서 현실적이지 않다는 것이다.

넷째, 아이들이 쉬며 즐기는 놀이 수단을 뺏는 것이라는 지적이다.

골치 아픈 수업 시간이 지나면 쉬는 시간에 잠시라도 스마트폰을 보며 세상과 소통하고 쉴 수 있고 친구들과의 마찰도 줄어들고 있다.

학생들은 이제 교실에서 심심하게 혼자 외로이 앉아있지 않아도 되는데, 별다른 대안도 없이 스마트폰 사용을 금지하면 생활 지도 등의 더 많은 문제가 발생할 수도 있다는 우려이다.

법안 통과에 대한 대표적 우려에 대한 '반론'

이런 우려들은 충분히 공감할 만한 지점들이지만, 많은 학문적 연구는 스마트폰 사용 규제가 갖는 긍정적인 측면을 보여주며 법안의 필요성을 주장하고 있다.

첫째, 학생의 기본권 침해 주장에 대한 부분이다.

학습 환경을 조성하고 관리하는 것을 교육 주체의 중요한 역할이다. 학습권은 학생들이 최적의 조건에서 학습을 받을 권리를 의미하며, 이는 헌법이 보장하는 교육을 받을 권리의 핵심이다.

인지과학 연구에 따르면, 스마트폰의 알림, 메시지 등은 인간의 주의력을 지속해서 분산시켜 단기 기억 용량을 감소시키고 학습 효율을 저하한다. 이는 스마트폰이 단순히 '통신 도구'가 아니라, 학습에 방해가 되는 '인지적 간섭 요소'임을 의미한다. 따라서 스마트폰 사용을 제한하는 것은 학생의 통신 자유를 박탈하는 것이 아닌, 모든 학생의 학습권을 보장하기 위한 환경적 조치로 해석되어야 한다.

둘째, 진정한 디지털 리터러시는 단순히 기술을 능숙하게 사용하는 것을 넘어, 정보를 비판적으로 분석하고 책임감 있게 활용하는 능력이다.

즉, 스마트폰을 통한 무분별한 정보 검색이나 SNS 이용은 진정한 디지털 리터러시 교육이 아니다. 실제 학생들은 메일조차 잘 사용하지 못하는 경우가 많다.

학교에서 교사들의 지도로 목적에 맞는 디지털 도구를 활용하는 방법을 배워야 한다.

학생들은 사이버 윤리, 미디어 비평 등 체계적인 디지털 시민성 교육을 받을 수 있다. 이는 스마트폰의 자유로운 사용을 허용했을 때보다 훨씬 더 효과적인 디지털 문해력을 높일 수 있는 교육적 접근이다.

셋째, 실효성 부족 주장에 대한 반론이다.

법안의 제정만으로 모든 문제가 해결될 수 없다는 점은 분명하다. 이는 법안이 가진 근본적인 문제라기보다는 교육 현장의 보완적 노력이 필요하다는 것을 시사한다.

스탠퍼드대학교의 심리학자 앨리사 파월은 "행동 변화는 규칙만으로 이뤄지지 않는다"라고 말하며, 규칙과 함께 행동의 의미를 내면화하는 교육적 접근의 중요성을 강조한다.

스마트폰 전면 금지 법안은 학생과 교사, 학부모가 함께 스마트폰 사용의 적정성과 의미에 대해 논의하고, 궁극적으로 학생들이 자율적으로 기술을 통제하는 방법을 배우는 계기가 될 수 있다.

법안은 그 대화의 시작점을 제공하는 계기이다.

넷째, 학생 정신 건강에 대한 부분이다. 스마트폰 사용은 건강한 놀이가 아니라 오히려 학생들의 정신 건강을 해치는 도구가 되고 있다.

최근 언론 보도에 따르면, 우리나라 청소년들의 우울증 및 정신 질환 발병률이 최근 5년 사이 72%나 급격히 증가하고 있다. 이러한 현상의 배경에는 과도한 스크린 사용과 밀접한 연관이 있다는 연구 결과들이 다수 존재한다.

미국 정신의학회(APA)가 발표한 연구에 따르면, 하루 5시간 이상 스마트폰을 사용하는 청소년의 우울증 발병 위험이 2시간 미만 사용자에 비해 두 배 이상 높았다. 이는 SNS를 통한 무한한 비교와 경쟁, 수면 부족, 사이버 폭력 등 스마트폰 사용이 야기하는 여러 심리적 위험 요인 때문이다.

학교 내에서 스마트폰을 제한하는 것은 단순히 학습 효율을 높이는 것을 넘어, 학생들이 외부로부터의 부정적 심리적 자극에서 벗어나 건강한 정신 상태를 유지할 수 있도록 돕는 보호적 조치다.

교육은 단순한 지식 전달을 넘어 학생들의 전인적 성장을 책임져야 할 의무가 있다.

무한 경쟁 시험 지옥,
수지는 왜 미국에서 공부하게 되었나?

몇 년 전 박사 학위 논문 연구를 위해서 30여 명의 학생들을 인터뷰했다. 논문의 주제는 '학습자의 학습권 실현 조건 탐색'이었다. 연구 목적은 학교 기능의 회복을 위해, 학습자인 학생들이 필요로 하는 학습이 이루어지려면 어떤 조건이 마련되어야 하는지 제시하고자 함이었다.

혁신학교 정책 시행 이후 학교 문화는 긍정적인 방향으로 크게 달라졌다. 그러나 학생들은 단단한 국가교육과정, 상대평가인 객관식 시험으로 한 줄 세우는 현실은 전혀 변하지 않았다. 이로 인해 혁신학교 정책 또한 '언 발에 오줌 누기'처럼 우리나라 교육 문제를 근본적으로 해결할 수 있는 처방이 되지 못하고 있다. 근본적인 문제 해결을 위해서는 제도적이고 정책적인 변화가 같이 가야 하기 때문이다.

수지 부모의 선택은 결국 옳았다!

연구 과정에서 인터뷰한 수지의 사례는 우리나라 교육의 문제점, 특히 평가의 왜곡이 어떻게 학생과 한 가족의 삶에 영향을 미치는지 생생하게 보여준다. 고등학교 2학년인 수지는 중학교 때부터 시험 때만 되면 극도로 예민해져서 온 가족이 긴장해서 눈치를 살펴야 했고 중학교 때부터 심리 상담을 꾸준히 받아왔다. 그래서 고등학교는 일부러 혁신학교이면 좀 낫지 않을까 하는 기대로 혁신 고등학교를 스스로 지원해서 갔다. 그러나 혁신학교라도 내신으로 한 줄 세우기를 해야 하는 고등학교 현실에서 상황은 전혀 달라지지 않았고 대학입시와 직결되는 상황에서 압박감은 오히려 더 심해졌다. 민주적이고 인격적인 학교 문화가 학생들의 학습 환경까지 바꾸지는 못하기 때문에 당연한 결과였다. 부모님은 자퇴하겠다는 수지에게 마지막 변화의 기회를 주고 싶은 간절한 마음으로 연구년제를 활용해서 미국에서 1년간 지낼 기회를 만들었다. 수지를 간곡히 설득해서 한 달만 다녀보고 결정하자고 합의했는데 점차 학교 생활을 재밌어하게 되어 고등학교를 무사히 마쳤고 대학도 미국에서 졸업했다. 수지 부모님은 평소 한국 교육을 신뢰하며 기러기 가족의 모습에 대해 비판적이었는데 결국 아이를 미국 교육에 의존할 수밖에 없는 상황이 되었다.

결정적인 차이는 교육과정과 평가였다. 수지가 특히 힘들어했던 수학 과목이 단적인 예이다. 우리나라에서는 한 학기에 두 번 보는 중간고사와 기말고사가 내신성적을 결정한다. 일제식 시험으로 시험 문제를 틀리면 그것으로 성적은 결정된다. 심지어 종료종이 울리는 순간에 마킹을 한 것을 두고 부정 행위니 아니니 시비가 붙은 극단적인 상대평가시스템이, '공정이라는 절대 가치'로 버젓이 존중받는 '이상한 나라'이다. 수지가 다닌 미국 공립고등학교는 수지는 먼저 본인에게 맞는 수준의 수학을 택하면 되었고 수학 시험은 수시로 이루어졌다. 수학 시험을 마친 후에는 시험을 다시 보고 싶으면 봐도 된다는 기회가 주어졌다. 말 그대로 성취 기준이 목표인 절대평가였다. 수지는 수학 시험으로 인한 시험 지옥에서 드디어 벗어났다.

이런 딸의 변화를 마주한 수지 부모님은 기쁘면서도 동시에 매우 당황스러워하셨다. 처음에는 딸이 시험을 자주 보니 오히려 반복적인 시험에 익숙해져서 스트레스가 적어진 것인가 생각했다. 그러나 본질은 시험의 횟수가 아니라 평가 방식과 평가 목적의 차이이다. 우리나라와 달리 학생의 수준과 흥미에 맞는 과목을 택해서 성취 기준에 도달할 수 있도록 여러 차례 기회를 부여하는 절대평가 방식에서 수지는 자기 자신에 집중할 뿐이다. 그 누구와 경쟁할 필요도 없고 한 줄 세우기로 비교당하지도 않아도 된다. 수지의 변화를 가져온 본질적인 차이이다.

상대평가, 무엇이 문제인가?

우리나라 학생들은 여전히 '한 줄 세우기'라는 낡은 프레임으로 인해 시험 지옥에 갇혀 있다. 오지선다 객관식 상대평가라는 익숙한 제도는 학생들의 무한 경쟁을 부추기고, 그 과정에서 학생들은 점수를 잣대로 순위가 매겨지며 큰 고통을 겪고 있다. 시험의 본래 목적은 학습 성취도를 진단하고, 부족한 부분을 보완하여 학생의 성장을 돕는 것이다. 그러나 현재 우리나라 시험은 서열을 가르는 도구로 전락했으며, 이는 교육의 본질을 심각하게 훼손하고 있다.

학생들의 선택권과 학습권을 보장한다는 목적으로 시행된 고교학점제는 그 방향의 타당함에도 불구하고 또 다른 지옥 같은 상황을 불러왔다. 고교학점제 이후 고등학교 학생들의 자퇴가 크게 늘었다. 이유는 제도 변화에 전혀 맞지 않는 여전한 한 줄 세우기 상대평가 시스템이다. 학생들은 듣고 싶은 과목이 있어도 상대평가 결과가 입시로 바로 연결되는 상황에서 선택 기준은 듣고 싶은 과목보다 내신에 유리한 과목이 될 수밖에 없다.

얼마 전 일반계 고등학교 국어 교사와 통화하게 되었는데 중간고사를 앞두고 시험 문제를 출제 중인데 '이게 뭐 하는 짓인가 하는 자괴감이 든다'고 했다. 1등급을 만들기 위해 어쩔 수 없이 시험문제를 '배배 꼬아서 킬러 문항'을 만들 수밖에 없는 현실이라는 것이다. 전혀 쓸데없는 짓인 줄 알지만, 만점이 많이 나오면 1등급 학생이 나올 수가 없어서 입시에서 학교 학생들이 상대적인 불이익을 받게 되는 상황이라 어쩔 수 없는 고육지책이라는 것이다. 이런 킬러 문항은 성취 기준과 전혀 무관한 상대평가와 입시를 위한 '배배 꼬인' 문제일 뿐이다.

죽음의 상대평가에서 벗어나 성취 기준 절대평가로 전환해야

초중고 교육과정은 일반 교육 단계로 건전한 시민으로 살아가기 위해 필요한 기초·기본 교육과 다양한 체험을 통해 자신의 진로를 탐색하며 사회 속에서 함께 살아가는 역량을 기르는 기간이 되어야 한다. 잃어버린 학교 교육의 본질을 되찾기 위해서는 시험 패러다임을 근본적으로 전환해야 한다. 경쟁을 부추기는 시험이 아닌 성장을 돕는 시험으로 전환해야 한다.

첫째, 절대평가의 전면적 도입이다. 상대평가 제도를 폐지하고, 모든 교과목에 절대평가를 적용해야 한다. 학생들의 성취도를 정해진 기준에 따라 평가하면, 학생들은 친구와의 경쟁에서 벗어나 온전히 자신의 학습에 집중할 수 있다. 절대평가는 학습 목표를 달성하면 누구나 좋은 평가를 받을 수 있다는 긍정적 경험을 제공하고, 학습 동기를 유발한다. 수지가 우리나라 교육을 벗어나고 나서야 자신의 학습에 집중하며 시험 지옥에서 벗어날 수 있었던 이유이다.

둘째, 과정 중심 평가의 확대다. 단순한 지식 암기 능력 측정 위주의 시험에서, 학생이 문제를 해결하는 과정, 사고의 흐름, 그리고 협업 능력을 함께 평가해야 한다. 서술형 시험, 토론, 발표, 프로젝트, 동료 평가 등 다양한 형태의 수업과 평가는 학생들이 스스로 문제를 탐색하고 해결하는 경험을 제공하며, 협력의 가치를 깨닫게 한다. 혁신학교에서 실천하는 교육과정 혁신, 수업 혁신과 일치하는 방식이다.

셋째, 오지선다 상대평가인 수능시험을 폐지해야 한다. 대학생은 대학에서 선발하는 것이 당연한 것임에도 우리나라 초중고교육은 대학 입시를 위한 과정이 정체성이 되어버린 현실이다. 조국 사태를 계기로 마치 수능시험만이 공정성을 담보하는 평가 방식이라는 시각은 문제의 본질을 잘못 짚은 것이다. 고액 사교육이나 가정 환경의 차이로 인한 기울어진 운동장이 미치는 영향은 수능시험이 더한 현실이다.

넷째, 가르치는 사람이 학생을 평가한다는 신뢰를 회복해야 한다. 대학에서는 교수들이 자신이 가르친 학생들을 평가하고 있고 이에 대해 별다른 이의가 없다. 중등교육 또한 가르치는 교사가 평가하는 것이 당연한 이치이다. 내신 부풀리기 등의 문제점을 지적하지만, 장이 필요하면 담그면서 구더기를 걷어내면 된다.

이재명 대통령의 취임 100일 기자회견에 이어 요즘 논란에 있는 교사 정치 기본권에 대한 교육부의 입장을 보며 교육은 여전히 뜨거운 감자인가 싶어 씁쓸하다. 땜질식 처방이 아닌 대수술의 관점이 필요하다.

그 근저에 무한 경쟁의 시험지옥을 만드는 상대평가가 있다. 상대평가를 과감히 버리고 성취 기준 중심의 절대평가로 전환하는 것이 교육 대개혁의 출발점이다.

학교의 죽음에 사회는 응답해야 한다

추석 연휴인 지난 4일 또 한 선생님의 안타까운 죽음 소식이 전해졌다. 충남의 어느 중학교 교사였던 고인(41세)은 하루에 1만 보를 학교를 뛰어다녔다고 한다. 이유는 방송과 정보 업무를 맡았기 때문이다. 게다가 민원이 많은 학급의 임시 담임까지 맡고 있었다니 숨진 선생님의 학교 생활이 어떠했을지 그려진다. 평소 숨가쁜 업무 과중을 호소하였다니 너무나 마음 아픈 일이다.

교사와 교원단체들은 그간 계속 목소리를 내왔다. 교사들이 본연의 임무인 교육 활동에 충실할 수 있는 업무 환경을 만들어 달라는 극히 당연한 요구다. 그러나 교사들의 행정 업무는 줄기는커녕 점점 더 많아지고 있다. 새 학년도를 시작하기 전에 교사들은 한 해의 업무를 배정받게 되는데 어떤 업무를 맡느냐에 따라 1년 간의 교사 생활은 크게 달라진다. 그래서 업무 분장 시기가 되면 교사들은 매우 예민해질 수밖에 없다. 되도록 힘들지 않은 업무를 맡기를 희망하며, 이때 '욕을 좀 먹더라도 잘 버티면 1년이 편하다'라는 말이 나온다. 학교 교육 과정과 수업 구상이 중심이 되어야 할 시기이지만 1년을 결정하는 '업무 분장'은 피해 갈 수 없는 난관이자 교사들 간 갈등의 요소가 되기도 한다.

한국 교사, 원칙 없이 흔들리는 교사 정체성

학교의 존재 이유는 학생 교육이다. 그리고 교사는 학생들을 직접적으로 교육하는 최일선에 있기에 교사의 역할은 매우 중요하다. 그래서 '교육의 질은 교사의 질을 넘지 못한다'라고 한다. 교사가 교육 연구와 교육 활동이 아닌 행정 업무에 동원되는 것은 아무런 법적 근거가 없다. 초·중등교육법 제20조(교직원의 임무)에 각 교직원의 역할이 구분되어 제시되어 있다.

제20조(교직원의 임무) ① 교장은 교무를 총괄하고, 민원처리를 책임지며, 소속 교직원을 지도·감독하고, 학생을 교육한다. 〈개정 2021. 3. 23., 2023. 9. 27. 〉

② 교감은 교장을 보좌하여 교무를 관리하고 학생을 교육하며, 교장이 부득이한 사유로 직무를 수행할 수 없을 때에는 교장의 직무를 대행한다. 다만, 교감이 없는 학교에서는 교장이 미리 지명한 교사(수석교사를 포함한다)가 교장의 직무를 대행한다.

③ 수석교사는 교사의 교수·연구 활동을 지원하며, 학생을 교육한다.

④ 교사는 법령에서 정하는 바에 따라 학생을 교육한다.

⑤ 행정직원 등 직원은 법령에서 정하는 바에 따라 학교의 행정사무와 그 밖의 사무를 담당한다.

③항과 ④항을 보면 교사는 법령에 따라 '학생을 교육한다', 행정직원 등 '직원은 학교의 행정사무를 담당한다'라고 교사와 행정직원의 임무가 구분되어 제시되어 있다. 그러나 교사들은 학생을 교육하는 수업과

담임 업무 이외에도 학교의 여러 행정업무를 같이 맡아 수행하고 있는 실정이다.

필자는 교사 발령을 받기 전에 재수생 입시학원에서 지구과학 강사로 7년간 일한 경험이 있다. 2000년 뒤늦게 시험을 보고 신규발령을 받아 중학교에 근무하게 되었다. 학원강사일 때 주어진 업무는 딱 한 가지 일은 수업이었다. 반면에 교사가 되어 학교에서 근무하며 든 생각은 학원강사일 때에 비해 일은 3배가 되고 급여는 그에 반비례하는구나 싶었다. 학교에서는 교과수업과 함께 담임 업무, 행정업무까지 3가지 업무를 담당해야 했기 때문이다. 입시학원에서도 별도로 담임강사 역할이 있었지만 출결을 챙기는 거 이외에는 업무가 거의 없었다. 당시 담임강사수당은 50만 원 정도였고 학교는 6만 원이었다.

교사로 근무하기 전까지는 교사가 '극한 직업'이라는 것을 전혀 알지 못했다. 하루에 수업 몇 시간 하고 방학도 있어서 좋을 거 같다고 생각했다. 그러나 직접 일하면서 보니 교사들은 화장실조차 편히 갈 수 없는 경우가 허다했다. 수업을 마치면 학생들 지도나 급한 업무처리로 쉬는 시간 10분이 훌쩍 지나가 버리고 수업 시작종이 울리는 경우가 부지기수이기 때문이다. 수업이 없는 공강 시간에는 급하게 보고할 공문처리나, 숨진 교사의 경우처럼 수업과 무관한 배정업무를 숨 가쁘게 처리해야 한다. 그래서 많은 교사들이 오히려 수업하는 시간이 마음 편히 학생들과 쉬는 시간처럼 느껴진다고 하소연하기도 한다. 상황이 이런지라 수업 연구를 일과 중에 학교에서 하기 쉽지 않다. 방과 후에 하거나 퇴근 후 집에서 가사 일을 하며 짬짬이 할 수밖에 없는 처지이다.

이런 상황에서 교사들은 자신의 정체성이 무엇인지 자괴감이 들 수밖에 없다. 2019년 오류중학교 교장일 때 필자 또한 신규 국어 교사에게 방송 업무를 맡기게 되었는데 "저 방송 관련해서는 아무것도 모르는데 어쩌지요? 저는 교사 되면 수업 준비해서 아이들과 열심히 수업만 하면 되는 줄 알았습니다. 이런 일도 할 줄은 전혀 생각하지 못했습니다"라고 심경을 밝혀서 너무나 민망했다. 그래서 "고치거나 하는 일은 행정직원이 연락해서 업체에서 할 거니 방송반 학생 지도 위주로 해주세요"라고 말했지만 너무나 궁색했다. 실제로 이 신규 교사는 방송을 사용할 일이 생길 때마다 방송반 학생들과 늦게까지 남아 방송 점검을 할 수밖에 없어서 너무나 미안한 마음으로 함께 남아있곤 했다. 노력은 했지만 방송 업무를 전담하여 책임지고 처리할 행정직원이 마땅치 않았기 때문이다.

"혁신의 시작은 과거와의 결별"

지난 7일 OECD(경제협력개발기구)가 발표한 「TALIS 2024: The State of Teaching」에 따르면 한국 교사들은 세계 주요국 중 가장 긴 근무 시간과 높은 업무 강도를 느끼고 직무 만족도와 심리적 안정도는 평균을 크게 밑도는 것으로 나타났다. 특히 심각한 문제는 수업 외 업무 비중이 40%에 육박했는데 OECD 평균보다 15% 높은 것으로 나타났다. 이런 상황에서 올해 교사노조연맹에서 스승의 날에 조사한 설문 결과에서 최근 1년간 '사직을 고민했다'는 응답이 전체의 58%로 '고민한 적이 없다'는 응답(26.8%)의 두 배 이상으로 높게 나타났다. 교사들마저 학교에 남아있지 않으려 한다면 우리 교육에 희망은 없을 것이다.

정권이 바뀌거나 교육감이 바뀌면 늘 교사들의 업무경감을 공약했지만 학교 현장에서 체감하는 현실은 너무나 다르다. 정책 공약 탓인지 오히려 업무는 더 늘어났다. 아이들이 좋아서, 좋은 교육을 하고 싶어서 교사가 되었지만 교사들은 정체성 혼란에 자괴감을 느끼며 이직을 고민하고, 죽음으로 내몰리고 있다. 죽음 후의 순직 인정 요구는 너무나 참담하고 처절한 학교 현장의 실태를 다시 한 번 확인해 준다. 순직 인정이 없도록 순직을 막아야 한다.

교사들이 좋은 교육을 연구하고 실행할 수 있으려면 교사들에게 '여백을 제공'해야 한다. '혁신은 새로운 시도가 아닌 과거와의 결별에서 시작한다'는 심리학자 쿠르트 레빈의 말은 우리나라 교육 혁신에 시사하는 바가 매우 크다. 레빈은 조직 혁신은 무언가 새로운 것을 시작하기보다 '해동'해야 할 것이 무엇인지를 먼저 찾아야 한다고 제안한다.

교육 혁신의 주체가 교사라는 사실은 연구를 통해 세계적으로 검증된 명제이다. 죽음으로 내몰리는 교사는 절대 교육 혁신의 주체가 될 수 없다. 국민과 함께 내란을 극복하고 들어선 이재명 국민주권 정부와 교사 출신 최교진 교육부 장관에게 거는 기대는 역대 어느 정부일 때보다 크다. 특히 교사 출신 교육부 장관이기에 학교 현장의 구체적인 실태 및 문제점 파악과 문제 해결의 실마리를 역대 그 누구보다 잘 찾으리라 희망하고 기대한다.

이번에야말로 과거와의 결별을 먼저 행하는 '해동 과정'을 통해 진정한 교육 혁신의 실마리를 풀어야 한다. 더 이상 학교의 죽음을 외면하지 말고 응답해야 한다.

유 · 초 · 중등교육 구출 시작은,
대학입시와 분리부터

기승전 대학입시, 수능시험!!

학교에서 교사들이 교육 문제를 고민하다 결국은 자조적으로 나오게 되는 말이다.

수학능력시험 디데이 카운터
D-Day Counter for CSAT
#수능 #성장을_이끄는_힘

2026 대학수학능력시험	2025.11.13. / D-22	2027 대학수학능력시험	2026.11.19. / D-393	2028 대학수학능력시험	2027.11.18. / D-757
021:03:41:05:66		392:03:41:05:66		756:03:41:05:66	

* 출처: https://jinh.kr/SAT_kr/

올해 수능시험일은 11. 14일(목)이다. '수능 디데이'를 검색하다가 깜짝 놀랐다. 2028년 수능시험까지 100분의 1초 단위로 끊임없이 실시간으로 시간이 흐르고 있었다. 빠르게 바뀌는 시간을 계속 보고 있자니 수능과는 직접적인 관계가 없는 필자도 긴장감이 절로 느껴진다. 그리고 실시간으로 바뀌는 광고 문구에 나와 있는 위 문구대로 수능은 '성장을 이끄는 힘'이 될 수 있을까? 아마 차마 노골적으로 '성공'이라 쓰지 못하고 '성장'이라는 말로 두리뭉실 우회했으리라 짐작된다. 실재는 학생들에게 성공도 성장도 아닌, 경쟁과 고통의 길이다.

대학입시, 유 · 초 · 중등 교육 시계가 향하는 곳은?

수능시험은 마치 블랙홀처럼 유·초·중등 교육을 파행의 길로 빨아들인다. 아무리 좋은 교육 정책도 대학입시 앞에서는 길을 잃고 휘청인다.

어쩌면 태어나는 순간부터 입시교육은 시작된다. 한때 영어교육 조기 열풍 속에서 좋은 영어 발음을 위해 혓바닥 밑부분을 절개하는 수술이 유행이었다. 전문가 의견으로 " 해부학적으로 말도 안 되는 수술"이었다. 한때 이 문제는 정부가 대응 홍보 영화를 만들고 서방에서도 보도할 정도로 사회적 이슈가 되었다. 이런 현상은 나아지기는커녕 점점 더 심각해졌다.

얼마 전에는 아동 학대 수준의 4세 고시, 7세 고시가 방송되면서 사회적으로 큰 충격을 던졌다. 아동학대 수준임에도 불구하고 이를 지켜보는 다른 학부모들 속에서는 '이러다 우리 아이만 뒤처지는 거 아닌가' '우리 아이도 뭐라도 시켜야 하나?' 하는 불안감이 다시 엄습한다. 악순환의 고리이다. 이 문제를 이슈화할 때 전혀 의도하지 않았지만 학부모들이 느끼게 되는 '나쁜' 결과이다. 경쟁의 늪에 빠져 있는 우리 교육의 현실을 보여주는 가슴 아픈 모습이다.

아이들이 초등학교에 들어가면 사교육이 본격적으로 일상화된다. 국가데이터처가 발표한 2024년 초중고 사교육비 총액은 약 29.2조 원, 사교육 참여율은 80.0%, 주당 참여 시간은 7.6시간으로 전년 대비 각각 7.7%, 1.5%p, 0.3시간 증가하였다. 전년 대비 전체 학생 수는 감소하였음에도 불구하고, 사교육비 총액, 참여율, 주당 참여 시간 모두 증가한 것이다.

참여 학생의 1인당 월평균 사교육비 또한 59만2천 원으로 전년 대비 7.2% 증가했다. 학교급별로 보면 초등학교 50만 4천 원(4.1만 원, 9.0%↑), 중학교 62만 8천 원(3.2만 원, 5.3%↑), 고등학교 77만2천 원(3.3만 원, 4.4%↑)이었다. 다자녀인 경우 사교육비는 자녀 수에 비례하여 증가할 것이다. 대학입시를 향한 이런 사교육비 실태는 출산을 포기하게 만들어, 초저출산 국가를 만든 가장 큰 이유 중 하나가 되었다. 유·초·중등 교육 시기 아이들의 현실은 대학입시에 맞춰져 돌아가고 있다.

입시가 가까울수록 '진짜 교육'은 사라진다

지난 19일 국정감사에서 국회 교육위원회 진선미 의원은 고교학점제 이후 1등급 학생수가 10배가 되었다며 "변별력이 낮아진 상황"을 지적했다. 이에 언론과 입시학원들은 대학입시가 아수라판이 될 수도 있다고 논평했다. 학업 성취도가 높아진 것은 당연히 환영해야 할 일임에도 이런 반응이 나타나는 것은, 현재 우리나라 유·초·중등 교육이 무엇을 목표로 가고 있는지 적나라하게 보여준 모습이다. 국가 교육 과정이 목표로 하는 학습 목표 성취가 아니라, '대학입시가 아수라판이 되지 않게 변별력을 갖추도록 학생들을 한 줄로 잘 세우는 것'이다. 이렇게 유·초·중등 교육은 철처하게 전적으로 대학입시에 종속되어 있다.

학교에서 교사들은 교육의 주체가 되지 못하고 달라지는 교육정책과 입시제도에 따라 교육과정을 운영해야 한다. 고등학교 교사들이 시험 기간에 가장 난감해하는 것은 '쓸데없이 문제를 배배 꼬아서 어렵게 내야' 하는 현실이다. 국가교육과정은 수립된 학습 목표를 성취해야 한다고 제시되어 있다. 학습 평가는 교육과정에 제시된 학습 목표가 잘 성취되었는지 진단하는 것이 목적이 되어야 함에도 '변별력 있게 한 줄로 세워야'하는 시험 문제를 '억지스럽게' 만들어내야 한다. 이런 시험 문제로 치른 시험 결과는 충격적이다. 배배 꼬인 문제를 풀어낸 높은 성적을 받은 몇 명의 학생 이외에는 점수가 밑으로 뚝 떨어진다고 한다. 1등급을 받는 100점에 근접한 학생 이후에는 중간 점수대 없이 갑자기 70점대로 뚝 떨어진다는 것이다. 1등급을 만들기 위한 참담한 평가가 만들어낸 결과이다. 학생 한 명 한 명을 책임진다는 교육 당국의 문구는 완전히 '뻥'이다.

초중고로 학년이 올라갈수록 점차 더 '진짜 교육'은 사라져간다. 공교육 정상화 정책인 혁신학교 수가 고등학교로 갈수록 급격히 적어지는 것도 이런 현실이 반영된 결과이다. 좋은 교육을 하는 혁신학교는 좋지만, 입시가 가까워질수록 높은 등급을 받기 위해 '배배 꼬인 변별력 있는' 문제를 풀 수 있는 '기술'이 점점 더 필요해지기 때문이다.

대학생 선발은 대학에서 책임지자

수능 시험일은 중학교 학사 일정에도 중요한 날이다. 교사들이 시험 감독관으로 차출되어 학교 수업은 불가능해진다. 이로 인해 수능 당일은 물론 전날과 다음날까지 수업이 파행된다. 감독관 회의와 수능 감독의 과로로 교사들이 수업을 할 수 없기 때문이다. 교사가 서로 가기 싫어하는 수능감독관에서 벗어나는 길은 큰 병이 있거나 나이가 많아져

서야 가능하다.

　상식적으로 정말 이해하기 어려운 일이다. 왜 대학에서 가르칠 대학생을 뽑는 시험일인데 고등학교는 물론 중학교까지 교육과정이 파행적으로 운영되어야 하는가? 대학생을 뽑는 수능시험 감독에 교사들이 감독관으로 동원되기 때문이다. 같은 논리라면 중고등학생을 뽑는 학사 일정에 대학 교직원을 차출하는 것도 가능해야 한다.

　이제 대학입시와 유·초·중등 교육은 교육 과정 목표를 기준에 맞게 구분되어야 한다. 복잡한 문제일수록 원칙이 중요하다. 유·초·중등 교육은 대학입시가 목표가 아니라 국가교육과정에서 제시한 목표에 충실하게 교육 활동을 펼치는 것이 최종 목표가 되어야 한다. 대학입시는 대학이 대학교의 이념과 비전에 맞는 학생을 알아서 선발하면 될 일이다. 태어날 때부터 분초침까지 대학입시에 맞춰져 '학습 기계처럼' 살아가야 하는 너무나 슬프고 참담한 우리 현실을 이제는 정말 멈춰야 한다.

| 19 |

학원 시간 자정까지 연장?
행복 추구권에 반하는 조례 줄여야 마땅하다!!

"헌법 제10조 모든 국민은 인간으로서의 존엄과 가치를 가지며, 행복을 추구할 권리를 가진다. 국가는 개인이 가지는 불가침의 기본적 인권을 확인하고 이를 보장할 의무를 진다."

최근 서울시의회에서 발의된 '고등학생 대상 학원의 교습 시간을 밤 10시에서 12시로 연장하는 조례 개정안'을 접하고 참담함을 금할 수 없다. 학생들의 기본적인 권리를 보장해야 할 공적 기관인 서울시의회가 오히려 아이들의 건강권과 쉴 권리를 침해하고, 새벽 1시가 넘어 잠자리에 들게 만들겠다는 발상은 '국가는 기본적 인권을 확인하고 이를 보장할 의무를 진다'라는 대한민국의 헌법 정신에 정면으로 반하는 반인권적 조례이다.

현재 조례인 '초·중·고 학원 새벽 5시부터 밤 10시까지 운영 허가'도 아동의 건강권과 행복추구권을 심각하게 침해하는 상황에서, 규제를 완화하려는 시도는 '선택의 자유'라는 허구 아래 아이들을 입시 경쟁

속으로 더욱 깊이 몰아넣는 행위이다. 그동안 교육 현장에서 함께한 교육자로서, 이 조례안은 우리 아이들의 전인적인 성장을 저해하고 공교육 시스템 자체를 더욱 파괴하는 야만적 정책임을 강하게 주장한다.

사교육 심화: 공교육 붕괴와 미래 역량 말살

현재 대한민국의 사교육 실태는 이미 너무나 심각하며, 서울이 가장 심각하다. 2024년 우리나라 사교육비 총액은 약 29조 2천억 원을 기록하며 역대 최고치를 경신했고, 학생들의 참여율은 80.0%에 달했다. 사교육에 참여하는 학생들의 평균 사교육비는 59만 2천 원으로 전년 대비 7.2% 증가했다. 전체 학생 수가 감소했음에도 불구하고 이처럼 사교육 규모가 커지는 것은 공교육과 무관하게 사교육은 자체의 논리로 학부모와 학생들의 불안감을 자극하여, 사교육이 '선택'이 아닌 '생존을 위한 필수 조건'처럼 몰아가기 때문이다. 이는 공교육에 많은 부작용을 낳고 있다. 사교육이라는 '괴물'이 공교육을 마구 흔들어대고 있다.

첫째, 학교 수업 시간에 악영향을 미치고 수동적 학습 태도를 만든다.

밤 12시까지의 학원 교습은 다음날 공교육 현장에 직접적인 악영향을 미쳐 학교 교육의 질을 치명적으로 하락시킨다. 수면 부족 상태로 등교한 고등학생들은 오전 수업 시간 내내 피로와 졸음을 호소한다. 이는 학교 수업의 기본적인 집중 환경을 와해시키고, 교사가 아무리 양질의 교육과정을 운영하려 해도 학생들의 학습 의지를 꺾는다.

둘째, 이로 인해 교사의 역할 수행이 불가능해진다. UNESCO와 OECD가 요구하는 미래 교사의 역할은 학생들의 협력적 행위 주도성을 이끌어내는 것이다. 그러나 아이들이 책상에 엎드려 자고 있는 교실에서는 어떠한 미래지향적 학습 활동도 설계될 수 없으며, 이는 교사들에게 '학생을 가르칠 수 없다'는 좌절감을 주고 교육 현장의 사기와 기능을 심각하게 떨어뜨린다.

셋째, 미래 사회에 필요한 역량을 말살하고 있다. 고도의 기술과 인공지능이 일상화될 미래 사회는 UNESCO와 OECD가 강조하듯 협동, 연대, 비판적 문해력, 변혁적 역량을 요구한다. 밤 12시까지 이어지는 주입식, 경쟁 중심의 학원 수업은 이러한 미래 역량 대신, 단편적인 지식 암기와 개인 경쟁만을 주입하여 학생들의 창의적 사고와 협력과 공동체성을 파괴한다.

넷째, 사교육은 공교육의 기능 약화와 공교육 붕괴를 가속화시킨다. 학교 수업이 학원의 선행 및 반복 학습에 종속되면서, 학교 교육의 가치는 급락한다. 학생들은 학교에서 지식을 창조하고 탐구하는 주체가 아니라, 이미 배운 내용을 '확인'하거나 지루하게 시간을 보내는 수동적 학습자로 전락한다. 학교는 평가기관으로만 작용하는 실정이다. 이는 공교육의 책임 경영과 교육 내용의 자주성을 근본적으로 부정하는 행위이다.

다섯째, 사교육 심화는 사회·경제적 불평등을 심화시킨다. 막대한 사교육비는 계층 간 격차를 더욱 확대시키는 주범이다. 부모의 경제력이 곧 자녀의 학력이라는 공식을 공고히 하며, 사회적 이동 사다리를 걷어차는 결과를 낳기 때문이다.

'수면권과 행복 추구권' 침해는 명백한 행정적 아동 학대

　학원 교습 시간 연장은 단순한 규제 완화가 아닌, 아동의 권리를 침해하는 반교육적 행위로 아동의 건강권과 전인적 성장을 더욱더 침해하게 된다. 청소년의 적정 수면 시간은 최소 8~10시간이다. 수면 부족은 신체적, 정신적 건강 악화는 물론, 학습 효율의 극심한 저하를 초래한다. 학생들은 공부 외에도 문예체 활동을 비롯한 다양한 체험 활동과 동아리 활동을 통해 비로소 전인적으로 성장하며 사회화 능력을 기를 수 있다. 현재의 밤 10시 가능 조례가 이미 학생들의 삶을 파괴하고 있는데, 이를 더 연장하려는 서울시의회의 시도는 교육 행정이 학생들이 아닌 사교육의 이익을 대변한다는 의심을 확인해 준다. 이 조례안은 헌법이 보장하는 행복 추구권에 반하는 것으로 학생들의 휴식과 여가를 위한 시간을 강제로 박탈하고, 경쟁이라는 이름으로 아이들의 행복 추구권을 짓밟는 명백한 행정적 아동 학대이다.

　이 조례안으로 가장 직접적인 영향을 받는 청소년들의 목소리는 명확하게 이점을 지적하고 있다. 밤 12시까지 학원 운영 시간을 연장하는 서울시의회 조례안에 청소년 95%가 반대한다는 설문 조사 결과가 발표되었다. 〈토끼풀〉이 11월 11일부터 13일까지 전국 학생을 대상으로 실시한 이번 온라인 조사에는 청소년 2655명이 참여했는데 중학생이 약 32%, 고등학생이 약 64%였다. 한 고등학생은 '학원 운영 시간이 연장된다면 공교육 집중도도 떨어지고 사교육 의존이 더더욱 심해진다. 교육 현실을 직접 검증해서 법안을 만들어야 한다'라고 지적했다.

　청소년들은 입시 경쟁의 논리 뒤에 숨겨진 자신들의 기본적인 권리 침해에 대해 단호하게 반대하고 있다. 청소년 인권 단체 '아수나로' 등도 이 조례안이 "신체적, 정신적 건강을 침해하는 명백한 인권 침해"라며 즉각 폐기할 것을 요구했다. 교습 시간 연장이 학업 성취도 향상이라는 미명 아래 청소년의 쉴 권리, 놀 권리, 그리고 사회에 참여할 권리를 빼앗는 행위이며, '아동·청소년은 성인과 마찬가지로 노동권에 준하는 휴식권을 보장받아야 한다'고 강하게 비판했다.

한 고등학생은 이미 밤 10시까지의 학원 스케줄만으로도 심각한 피로에 시달리고 있다고 증언한다. "밤 12시까지 학원에 다니면 언제 쉬라는 건가요? 학교 숙제와 학원 숙제를 다 하고 나면 새벽 1시가 넘습니다." "공부할 시간이 부족한 게 아니라, 내가 생각하고 숨 쉴 시간이 부족합니다."라는 학생들의 절규는, 이 조례안이 아이들을 오직 입시 기계로만 취급하고 있음을 드러낸다. 청소년이 자기 주도적인 삶을 설계하고 독립된 인격체로 성장하기 위해서는 학습 이외의 여백과 자유로운 시간이 필수적이다.

이 조례에 대해 서울시교육청은 반대한다는 입장문을 발표했다. 그러나 현상 유지 차원의 '소극적 입장문'은 서울 교육을 총괄하여 책임지는 행정기관의 역할로 볼 때 아쉬움이 크다. 서울시교육청은 입장문을 통해 '학생들이 이미 하루 9시간의 공교육을 받고 있으며, 현행 오후 10시까지의 학원 교습만으로도 하루 13시간의 학습이 가능해 학습권은 충분히 보장되고 있다'고 반박했다. 그러나 이 13시간으로도 이미 살인적인 스케줄이다. 이중 점심, 저녁 시간 2시간을 제외해도 학생들은 매일 11시간을 학습에 매여있다. 이를 주 5일 평일만 기준으로 계산해도 주 55시간이다. 이는 성인의 노동권을 보호하기 위한 법정 최대 노동 시간인 주 52시간을 초과하는 수치이다. 학생의 건강한 성장을 보호해야 할 교육청이 스스로 성인의 과로 기준보다 높은 '과로 학습 시간'에 대해 '충분한 학습권 보장'이라는 소극적 대응의 입장문을 낸 것이다. 학교에서 제대로 된 학생 자치가 어려운 가장 큰 이유가 학원 수업인 상황에서 교육청은 청소년들과 마찬가지로 '최소한 노동권에 준하는 학원 교습 시간 단축을 요구하는' 적극적 대응의 입장문을 내는 것이 맞다.

교육 행정은 '진짜 교육'을 위한 제도를 만들어야

교육 행정과 교육적 리더십의 역할은 아이들의 성장에 필요한 시간을 보장하고, 공교육의 자율성을 회복시키며, 획일적인 경쟁 구조로부터 학교를 보호하는 데 있다. 진짜 교육은 아이들의 시간을 24시간 경쟁에 몰아넣는 것이 아니라, 학생의 건강권과 행복 추구권이라는 헌법적 가치를 최우선에 두는 것이다.

서울시의회는 사교육 업체의 이해관계나 잘못된 교육관에 끌려다니거나 일조할 것이 아니라, 아이들의 미래와 공교육 정상화라는 시대적 책무 앞에 서야 한다. 이 비상식적인 고등학생 대상 학원 교습 밤12시까지 연장 조례 개정안은 논의를 중단하고 즉각 폐기되어야 하며, 오히려 현행 밤 10시 규제마저 학생들의 건강과 행복을 위해 앞당기는 것을 논의해야 할 때이다. 학생들이 행복하게 잠자고, 학교에서 깨어 배울 수 있는 건강한 교육 환경을 만들어 주는 것이 우리 시대의 '진짜 교육'을 만드는 기본 토대이다.

교육감 선거, 이대로 괜찮은가? /
① 교육감 후보자의 자격

2026년 6월 3일 지방선거가 치러진다. 전국적으로 지방선거 준비로 분주한 상황이다. 17개 시도교육청의 교육감 선거도 같이 있는데 일반 유권자에게 별 관심을 끌지 못하는 듯하다. 그나마 자녀가 학생일 때는 잠시일 뿐이다. 작년 서울시교육감 보궐선거에 도전하며 이 부분을 직접 경험으로 절실하게 느꼈다. 9월 초 예비후보 등록 후 거리에서 시민들에게 지지를 호소하는 인사를 했는데, 나이가 지긋하신 분들로부터 "나하고는 상관없어. 애들 이미 다 컸어"라는 말을 많이 들었다. 결국 최종 투표율은 23.5%에 그쳤다. '교육이 바뀌어야 나라가 산다'라는 말에 공감하며 살아온 교육자로서 마음이 착잡했다.

시민들의 교육감 선거에 대한 무관심에 대한 걱정과 함께 2024 서울교육감 보궐선거에 도전하는 과정에서 교육감 선거 자체에 대한 문제의식이 커졌다. 교육감 후보자 자격부터 후보 단일화 과정까지 민주적이지도 공정하지도 않다고 생각했다. 모든 선거가 그래야겠지만 미래세대를 길러내는 교육감 선거는 더욱더 엄격하고 공정하며 민주적이어야 함에도 상식적 수준의 기대와 크게 달라 충격이 컸다.

교육감 역할과 후보자 자격의 일치성은?

교육감은 각 시도의 유·초·중등 교육을 총괄하는 위치에 있다. 유치원, 초등학교, 중학교, 고등학교 교육을 총지휘하는 역할을 수행하는 자리이다. '지방교육자치에 관한 법률'에 나와 있는 교육감 후보자의 자격은 아래와 같다. 유·초·중등 교원 뿐 아니라 고등 교육과 교육 행정 경력까지 합한 경력이 3년 이상이면 가능하다.

제24조(교육감후보자의 자격) ①교육감후보자가 되려는 사람은 해당 시·도지사의 피선거권이 있는 사람으로서 후보자등록신청개시일부터 과거 1년 동안 정당의 당원이 아닌 사람이어야 한다. 〈개정 2010. 2. 26., 2021. 3. 23.〉

② 교육감후보자가 되려는 사람은 후보자등록신청개시일을 기준으로 다음 각 호의 어느 하나에 해당하는 경력이 3년 이상 있거나 다음 각 호의 어느 하나에 해당하는 경력을 합한 경력이 3년 이상 있는 사람이어야 한다. 〈신설 2014. 2. 13.〉

1. 교육경력: 「유아교육법」 제2조 제2호에 따른 유치원, 「초·중등교육법」 제2조 및 「고등교육법」 제2조에 따른 학교(이와 동등한 학력이 인정되는 교육기관 또는 평생교육시설로서 다른 법률에 따라 설치된 교육기관 또는 평생교육시설을 포함한다)에서 교원으로 근무한 경력
2. 교육행정경력: 국가 또는 지방자치단체의 교육기관에서 국가공무원 또는 지방공무원으로 교육·학예에 관한 사무에 종사한 경력과 「교육공무원법」 제2조 제1항 제2호 또는 제3호에 따른 교육공무원으로 근무한 경력

이에 따르면 평생을 유·초·중등 교육에 전혀 종사하지 않거나 무관하게 살아온 사람이라도 '어느 날 갑자기' 교육감이 될 수 있는 것이다. 유·초·중등 교육 관련 경력이 필수 자격조건이 아니기 때문이다. ②항에 제시된 경력을 보면 유·초·중등 교육 경력 이외에 고등교육경력과 교육 행정 경력 모두가 동일하게 인정되기 때문이다.

실제 2024년 서울교육감 보궐선거도 마찬가지였다. 평생을 대학에서 연구자로 대학 교원으로 살아온 삶의 이력이 유·초·중등 교육을 총괄하는 선장 역할에 적임자일지 의문이다. 대학 교원 경력이라도 최소한의 기준은 필요하다. 이전에 유·초·중등 교육자 경험이 있거나 또는 유·초·중등 교육과 관련한 교육 및 연구 활동에 종사한 사범대학, 교육대학교, 교육학자라면 폭넓게 교육감 후보 자격을 부여하는 것으로 이해할 수 있다. 그러나 유·초·중등 교육과는 관련성이 전혀 없는 교수로 평생을 지내온 경력만으로 유·초·중등 교육의 수장인 교육감 후보 자격이 주어지는 것은 전혀 합리적이지 않다. 유·초·중등 교육의 전문성과 고등교육인 대학교육의 전문성은 크게 다르기 때문이다. 그래서 '교육감 자리가 정치인이나 대학교수의 퇴직 후 일자리 또는 다른 자리로 가기 위한 징검다리인가'라는 한숨 섞인 개탄의 목소리가 교육 현장에서 들려온다. 이런 논리라면 유·초·중등 교육 경력이 있는 교사들도 대학 총장 지원 자격이 같은 기준으로 주어져야 공정하지 않겠는가?

초중등 교육과 전혀 무관한 사람에게 교육감 후보자 자격을 부여하는 것의 진짜 목적이 무엇이며 도대체 누구를 위한 자격 조항인지 의심하지 않을 수 없다.

따로 노는, 교육청 구호와 학교 현장의 실제

96주년 학생의 날을 맞아 전교조가 실시한 '중·고등학생 고민과 사회 인식 조사'에 의하면 학생들은 고민이 있으면 "학교 상담실이나 교사보다 AI와 상담한다"고 답했다. 학생들은 학교 상담실(5.1%)보다 생성형 AI(15.5%)에게 더 많이 상담하고 있었는데 교사에게 고민을 상담하는 비율은 14.9%에 불과했다. 학생들이 교사와 상담하는 비율이 낮은 큰 이유는 교사들이 정신없이 바쁘기 때문이다. 학생들은 교사를 만나러 가도 '컴퓨터에서 눈을 떼지 못하는 선생님을 보면 미안해서 그냥 돌아온다'(홍제남, 2019)고 했다. 교사들은 수업 외에도 쏟아져 내려오는 각종 업무에 '숨 쉴 틈이 없을 정도로' 바쁘게 종종거리며 하루하루를 지내고 있다. 이런 교사들이 학생들과 차분하게 상담하기는 어려운 상황이다. 학생들도 교사도 '여백'이 없는 학교 생활에 지쳐가며 죽음으로까지 이어지고 있다.

서울시교육청은 올해 1학기에 교사 업무 경감을 위한 조직 개편을 진행했는데 필자는 자문단 대표로 함께했다. 논의 초기 단계부터 가장 강조했던 바는 교사들이 느낄 수 있는 실질적인 업무 경감이 되려면 교육청의 정책 정비가 함께 이루어져야 한다는 점이었다. 그러나 결론적으로 실효적인 정책 정비 없이 지원청에 인원 몇 명을 겨우 보내는 정도로 끝나고 말았으니 학교에서 그 효과를 기대하기 어렵다. 조직 개편에서 가장 중요한 요인은 교육청 수장인 교육감의 인식과 의지이다. 교육 현장을 잘 모르는 상황이라면 애초에 기대하기 어려운 역량이다. 교사 업무 경감 공약은 빈(초) 약속이 되었고 학교는 여전히 숨 가쁘게 돌고 있다.

서울시교육청은 2024년 보궐선거로 교육감이 바뀐 후 서울 교육 방향을 '미래를 여는 협력 교육'으로 바꾸었다. 협력에 이견이 있을 리 없다. 그러나 성과는 구호가 아닌 정책으로 구현되어야 가능하다. 그러나 최근 학교 현장을 보면 '학교폭력가산점'으로 교원 간에 갈등이 생기며 협력이 깨지고 있다. 교사로 근무할 때부터 익히 경험한 문제이다. 학교 교육 혁신을 위해서는 협력에 기초한 교원학습공동체가 매우 중요한데 협력 구호와 달리 정책은 거꾸로이다. 승진 가산점이라 특정 시도교육청에서만 미실시하기 어렵다는 점을 이해한다 해도, 차선책으로 교육청은 협력을 추구하는 방향으로 합리적인 기준을 마련하여 제시하고 세심하게 현장을 챙길 필요가 있다. '학교 폭력 예방 및 대응 유공 교사'라는 애초의 취지와 달리 승진을 앞둔 특정인을 먼저 고려하는 학교 현장의 실태를 교육청은 알고 있는지, 이에 대해 교육청 수장인 교육감은 인식하고 있는지 의구심이 든다. 이런 실태를 몰라도 문제이고, 알고도 조치하지 않는다면 이 또한 교사들 간에 협력을 해치는 문제의 심각성을 제대로 인식하지 못한 것이다. 구호보다 중요한 것은 현장에 벌어지는 상황에 대한 섬세한 파악과 이를 해결할 정책이다. 학교폭력가산점 실태 등은 극히 일부 사례일 뿐이다.

학교 현장이 언제까지 유·초·중등 교육 현장을 잘 모르는 교육감이 학습하는 시간을 기다리고 모서가며, 보내야 하는지 답답한 심정이다. 이제는 바로 일할 수 있는 역량있는 현장 교육 전문가가 유·초·중등 교육의 수장인 교육감 역할을 맡아 제대로 우물을 팔 수 있게 되기를 희망한다.

전문직 자격 조건, 실 교육 경력 5년 이상인 자

　서울 중등 전문직 자격 조건은 '중등학교에서의 실 교육 경력 5년 이상인 자'다. 교육 행정을 담당하는 신임 장학사의 자격 조건이 이러한데 시도교육을 총괄하는 교육감의 자격은 이보다 더 엄격해야 하는 것이 맞다. 유·초·중등 학교 교육 문제는 복잡한 여러 문제들이 난맥상처럼 얽혀있다. 학교 현장의 구체적인 문제를 속속들이 제대로 알지 못하고는 올바른 해결 방안을 도출할 수 없다. 의사가 환자의 몸 상태를 속속들이 제대로 진단하지 못하면 제대로 된 치료책과 처방전을 내릴 수 없다. 그래서 전문의가 필요하듯이 교육 문제 또한 마찬가지다.

　시도교육감은 시도 '교육호'라는 배의 운항을 총지휘하는 선장이다. 눈에 보이는 바다 표면만 보아서는 운항을 바르게 할 수 없는 것은 자명하다. 바다 속성은 물론 바다 속 상태와 흐름까지 세심하게 잘 알고 있는 선장이라야 제대로 운항할 수 있고 좋은 성과도 가능하다.

　매일매일 유·초·중등 학교 현장에서 직접 교육을 실행하며 유·초·중등 교육의 문제점과 해결 방안까지 가장 잘 인식하고 있는 사람은 바로 교육 현장 전문가인 교사들이다. 교육 현장 전문가가 교육감 후보의 가장 기본적인 필요 조건이라 생각하는 이유이다. 전문직의 경우처럼 유·초·중등 교육 관련 경력이 필수 조건이 되고, 최소 실 경력 5년 이상 갖춘 자에게 유·초·중등 교육의 수장이 될 수 있는 자격이 부여됨이 마땅하다.

　목마른 사람만이 우물을 제대로 끝까지 파는 법이다. 학교 현장의 문제를 평소 생활과 실천 속에서 가장 잘 알고 있고 변화의 절박함을 경험과 성찰 속에서 절감하고 있는 자가 교육감 후보자가 되어야 하는 이유이다.

| 21 |

교육감 선거, 이대로 괜찮은가? /
② 후보 단일화 과정과 추진위원회

교육감 직선제는 주민 직선제를 통해 교육 자치를 실현하고자 하는 취지에서 도입되었다. 그러나 최초로 실시된 2007년 부산 교육감 직선 투표율은 15.3%에 불과하였으며, 작년에 치러진 서울교육감 보궐선거의 투표율 또한 23.5%에 그쳐 여전히 교육감 선거가 국민들이 무관심한 '깜깜이 선거'라는 자조적인 평가를 벗어나지 못하고 있다.

현행법상 교육감은 교육의 정치적 중립으로 인해 정당 공천 없이 출마해야 하지만, 실상은 민주진보진영 후보와 보수 후보의 구도로 만들어지면서 내용적으로는 기존 정당과 비슷한 정치적 색채를 드러내며 진행된다. 정당 추천이 아니라서 기호가 없는 교육감 후보들로서는 자신의 정체성을 알리기가 매우 어려운 실정이기 때문이다. 교육의 정치적 중립과 교육 자치를 위한 직선제 선거이지만 현실에서는 여러 가지 해결해야 할 과제들이 매우 많다. 이중 후보 경선 과정은 매우 어려운 대표적인 과제이다.

교육감 선거는 후보 단일화를 위한 정해진 경선 룰이 없어서, 여러 명의 후보가 출마를 결심할 경우 문제가 복잡해진다. 같은 진영에서 여러 명의 후보가 나올 경우 승리하기가 어렵기 때문에 단일 후보를 만들고자 시도하지만, 누가 어떤 방식으로 단일화를 추진하는 것이 가장 합리적이고 민주적이며, 정의롭고 공정한 방식인가가 문제가 된다. 후보들 모두 자신으로 단일화되기를 바라기에, 자신에게 유리한 방식으로 경선룰을 만들고 싶어한다. 그리고 후보 단일화 추진위원회(이후 추진위)는 그들의 주도로 단일화를 성사시켜 교육감 후보 단일화의 추진 주체로서 권위를 지키고자 한다.

경선 후보로 참여했던 2024 서울시교육감 보궐선거의 경우는 물리적인 시간이 너무 짧아서 더욱더 많은 어려움이 있었으리라 생각되지만, 작년에 참여했던 경험을 통해 깊이 숙고해야 할 원칙적 차원의 문제들을 제기한다.

추진위와 경선 룰에 대한 원칙들

첫째, 추진위의 필요성과 이에 적합한 권위 문제이다. 추진위가 필요한 이유는 후보들끼리 합의하는 과정이 쉽지 않을 뿐더러 이에 필요한 실무 진행을 합리적이고 공정한 기준으로 해줄 단위가 필요하기 때문이다. 그러나 후보들이 추진위를 믿고 함께하기 위해서는 추진위의 권위 또한 필요하며, 추진위의 권위는 민주진보진영의 정당성에 맞는 합리적이고 정의로운 경선 룰 마련과 경선 과정이 있어야 가능할 것이다. 긴 고심 끝에 여러 부담을 감수할 결심으로 출마하는 후보들이 추진위의 경선 과정에 이견 없이 참여할 수 있을 때 추진위의 정당성과 권위도 함께 만들어질 수 있다.

둘째, 진영의 교육감 후보자 자격 문제이다. 본인이 민주진보진영의 후보라 자처하며 추진위에 등록을 하는 방식으로는 진영 후보 적합성에 대한 의문이 제기된다. 민주진보진영으로서 최소 기준을 마련하고 이에 적합하고 동의하는 경우에만 경선 과정에 참여하게 하는 절차가 필요하다. 더불어 후보 등록 시 기탁금 제도는 후보자의 무분별한 난립을 방지하고 당선자에게 되도록 다수표를 몰아주어 민주적 정당성을 부여하는 한편 후보자의 성실성을 담보하려는 취지에서 생겨난 제도이다. 이런 취지에서 스스로 민주진보진영 후보를 자처하고 나선 모든 이들이 후보 단일화 테이블에 앉게 되는 것도 문제이다. 최소한 추진위가 공식적으로 진행하는 후보 단일화에 참여하기 위해서는 최소한 예비후보라는 자격 정도는 갖추는 것이 바람직하지 않을까 생각한다.

셋째, 가장 핵심적인 사항으로 경선 룰을 정하는 방식이다. 경선 룰을 정하는 원칙이 무엇인가는 민주진보진영의 정체성을 세우는 중요한 문제이다. 민주진보진영이 보수진영과 달리 더욱 중요하게 생각해야 하는 문제는 경선 진행 과정 전반에 걸친 도덕성과 민주성의 문제이다. 특히 교육의 수장을 선출하는 교육감 선거 후보 단일화 과정에서 더욱 강조되어야 할 부분으로, 추진위가 해야 할 역할이자 추진위가 필요한 이유이기도 하다.

2024 서울시교육감 보궐선거, 개선이 필요한 지점들

위의 제시한 원칙을 기준으로 2024 서울시교육감 보궐선거 과정의 후보 단일화 과정에서 개선이 필요하다고 생각한 몇 가지 문제들을 살펴본다. (참고로 2024년 최종 단일화 룰은 1차로 투표인단(추진위원)이 1인 2표제로 투표하여 후보를 반으로 압축하고, 이들을 대상으로 2차 여론조사를 실시하여 1차 투표인단 결과와 1:1의 비율로 합산하여 최

종 결정되었다)

　첫째, 추진위 구성과 소요되는 경비 문제이다. 추진위는 100여 개의 교육사회단체가 10만 원 참가비를 내고 구성되었다. 이렇게 걷은 1000만 원으로는 소요 경비가 부족할 수밖에 없는데, 후보들은 선거법으로 소요 경비를 분담할 수 없는 상황이다. 이로 인해 필요한 경비를 투표권이 주어지는 추진위원들의 참가비로 충당해야 하는 실정이었다. 투표인단이 되는 추진위원들은 성인의 경우에 1만 원의 참가비를 내야 참여가 가능했다. 직선제 시행 후 처음 투표인단을 모집할 때는 역선택 방지를 위한 용도로 2천 원을 냈다는데, 이제는 경선 비용 자체를 투표인단이 부담하게 된 꼴이다. 필자는 이 문제에 대해 당시 1만 원의 문턱이 너무 높은 점과 투표권이 1만 원을 내야 부여된다는 점에 대해 '매표행위와 본질적으로 무엇이 다른가?'라고 비판적으로 문제를 제기했다. 돈과 투표권을 맞바꾸는 형태는 민주주의 원리에 맞지 않기 때문이다. 그러나 받아들여지지 않았다. 이를 극복하기 위해서는 국가가 지원하거나 정당의 경우처럼 등록하는 후보자들이 함께 경선 비용을 분담하는 것이 합리적이라 생각한다.

　둘째, 추진위원(투표인단)의 자격 검증 문제이다. 투표인단이 되는 추진위원은 14세 이상의 서울시민이었다. 그러나 실제로는 서울시민인지 아닌지 검증할 방법이 없었기에 후보자와 개인들의 양심에 맡길 수밖에 없었다. 서울시민인지 아닌지 검증되지 못한 상태에서 투표권이 부여되고 행해진 것이다. 이로 인해 후보들이 선거 캠프에서 수단과 방법을 가리지 않고 최대한 많은 사람들을 추진위원으로 가입시키는 것이 후보를 결정하는 가장 큰 변수로 작용했다. 결국 5000여 명의 투표인단이 1차 투표에 참여했는데, 이것이 최종 후보 결정에 결정적인 영향을 미치는 요인이 되었다.

셋째, 추진위원(투표인단)의 서울시민 대표성 문제이다. 추진위원을 모집하는 이유는 후보 경선 과정에 일반 서울시민들의 뜻을 반영하자는 취지이다. 그러나 실제로는 각 후보들이 조직하는 조직표가 대부분이었다. 정책 선거를 표방했지만 실제로는 투표인단이 이미 후보를 결정하고 들어오기 때문에 토론회는 형식적이고 요식적인 행사에 그치고 말았다. 필자는 민주진보진영이기에 교육감으로서의 자질과 정책적인 비전 및 실행 역량이 있는지를 우선 검증할 필요가 있고, 이를 위해 무작위 추첨 방식으로 투표인단을 구성하는 것이 공정하다고 주장했다. 그러나 경비, 시간 부족 등의 현실적인 어려움이 겹치면서 받아들여지지 않았다. 결과적으로 후보들이 모아온 게다가 서울시민인지 검증하기조차 어려운 투표인단 5000명이 서울시민의 뜻을 제대로 대변했다고 할 수는 없을 것이다.

넷째, 여론조사 방식에 대한 문제이다. 여론조사는 '역선택 방지'를 한다는 취지에서 보수 정당을 제외하는 방식이었다. 이런 방식은 기존 정당 후보 경선 과정에서도 '국민에 대한 사기'라는 비판적인 목소리와 함께 경선 참여 거부로 이어지고 있는 현실인데, 실제 투표를 실시하게 될 모든 국민의 뜻을 제대로 담을 수 없기 때문이다. 특히 교육감 선거는 국민들의 관심이 너무 낮아서 '깜깜이 선거'라고 하는데, 역선택 방지 조항은 일반 국민들이 참여할 수 있는 폭을 더욱 좁히는 결과를 낳을 것이다.

다섯째, 최종적인 경선 룰 결정 방식이다. 1명을 제외한 후보들이 모두 합의한 안이 있었으나 전원 합의가 아니라는 이유로 추진위는 받아들이지 않았다. 그리고 추진위가 마련한 별도 안을 제시하며 이에 동의하지 않는 경우 이후 경선 과정에 참여할 수 없다고 최종 통보하였다. 추진위가 만들어진 이유는 후보들의 단일화 과정을 합리적이고 공정하게 대행하는 역할이다. 민주주의 사회에서 다수결의 원칙은 만장일치가 안 될 경우 차선이기에 일반적으로 채택되고 있다. 그럼에도 만장일치가 안 된 것을 이유로 추진위 안에 따를 것을 강제하는 것에 대해 당시 과반 이상의 후보들이 반발하며 기자회견을 통해 개선을 촉구하기도 했으나 결국 받아들여지지 않았다. 결국 인지도가 약한 후보들은 동의하지 않으면서도 배제당하지 않기 위해 '울며 겨자 먹기식'으로 참여하거나 사퇴하게 되었다.

많은 심적, 물리적 부담을 감수하며 선거에 참여하는 것은 후보들 자신들이다. 추진위가 매우 고압적으로 느껴지는 지점이었다.

교육감 선거, 개선 방향은?

2026년 6월 전국 지방선거에서 교육감 선거도 같이 치러진다. 교육감 선거는 미래 세대의 교육을 총괄하는 유·초·중등 교육의 수장을 뽑는 선거인만큼, 무엇이 진정한 민주주의를 실현하는 방식인지에 대한 교육의 장이 된다. 작년과 달리 내년 선거는 차분하게 경선 룰을 만들고 적용할 충분한 시간이 있다. 그래서 추진위의 역할이 더욱 중요하다. 상식적이고 합리적이고 민주적인 방식으로 받아들여지는 경선 룰이 최종 만들어져야 한다.

이 과정에서 기존 정당, 특히 민주진보진영 정당은 이미 많은 논의를 통해 가장 합리적이고 공정한 경선 룰을 정해왔을 것이므로 충분히 참고할 필요가 있다. 한 예로 작년에 주장했으나 받아들여지지 않은 신인 가산점, 여성 가산점은 사회적 약자를 배려하는 차원에서 민주진보진영은 물론 보수 정당에서도 반영하는 제도이다. 2026년 지방선거에서 민주당의 경우 "일반 정치 신인은 20%, 여성·청년·중증장애인이면서 정치 신인인 경우 최대 25%까지 가산점을" 받을 수 있도록 결정했다. 추진위는 후보들이 공식화되기 전에 상식적이고 합리적인 기준을 마련하여 이에 동의하는 후보들이 경선에 참여할 수 있도록 하는 장치를 마련할 필요가 있다.

특히 작년에 많은 문제의식을 느꼈던 투표인단이 경선 비용을 지불하는 문제는 반드시 분리하여 생각하여 해결할 문제이다. 장기적으로 선관위는 교육의 정치적 중립으로 인해 일체의 경선 비용과 선거 비용을 지원받지 못하는 교육감 선거의 실태를 감안하여, 지나친 통제 위주에서 벗어나 소요 경비 마련 등에 대한 현실적인 개선책을 마련해야 한다. 현실적인 대안 마련이 필요한 시점이다.

홀로 두지 않기:
'고립'의 교실에서 '환대'의 학교로

지난 한 해 우리는 참으로 치열하게 교육의 민낯을 마주해 왔다. 무너진 교권, 위태로운 학생들의 인권, 그리고 각자도생의 길로 내몰린 교육 공동체의 실태를 조명하며 변화를 촉구했다. 오늘은 을사년 올해 마지막 칼럼인 만큼 따뜻한 희망을 말하고자 한다. 우리 교육이 결국 도달해야 할 종착역, 바로 '홀로 두지 않는 학교 문화'에 대한 이야기다.

왜 다시 '협력'인가: 혼자서는 넘을 수 없는 교육의 파고

교육 현장에서 교사와 학생이 겪는 가장 큰 고통은 '고립'에서 온다. 문제 행동을 보이는 학생을 홀로 감당하는 교사, 성적 경쟁 속에서 친구를 적으로 느껴야 하는 학생은 모두 섬처럼 고립되어 있다.

심리학자 알버트 반두라는 개인이 지닌 역량보다 더 중요한 것이 '집단 효능감(Collective Efficacy)'이라고 강조한 바 있다. 이것은 "우리가 함께 노력하면 어떤 난관도 극복하고 학생의 성장을 이끌어낼 수 있다"는 공동체의 확신이다. 존 해티의 연구에 따르면, 교사들의 집단 효능감은 학생의 학업 성취에 미치는 영향력이 부모의 사회경제적 배경보다 훨씬 강력하다. 우리가 서로를 홀로 두지 않고 연결될 때, 학교는 단지 지식을 전달하는 곳을 넘어 아이들의 삶을 지탱하는 '심리적 요새'가 된다.

비고츠키가 말한 '근접발달영역(ZPD)' 역시 동료와 스승이라는 조력자가 곁에 있을 때 비로소 의미가 있다. 사회학자 로버트 퍼트남이 강조한 '사회적 자본' 역시 협력의 중요성을 뒷받침한다. 구성원 간의 신뢰와 네트워크가 탄탄한 공동체일수록 교육적 성취가 높고 위기 대응 능력이 뛰어나다. 우리가 서로를 홀로 두지 않을 때, 학교는 비로소 안전한 심리적 공간이 된다.

감동적인 협력 문화를 만드는 몇 가지 풍경

학교에는 경쟁적 구조 속에서도 굳건하게 협력의 문화를 가꾸는 아름다운 사람들이 있다.

첫 번째 사례는 '신규 교사 구하기'다. 얼마 전 현장 교사들과 교사 리더십으로 공부하는 시간을 가졌다. 이때 감동적인 학교 안 교사 리더십 사례를 들으며 가슴이 뭉클한 경험이 있다. 첫 학교로 발령받아 근무하는 신규 교사를 '구한' 사례였다. 첫 발령을 받은 신규 교사는 학생 때 생각했던 것과 너무나 다른 학교와 교실 현실에 혼란과 절망을 느끼며 교직을 떠나려 했다고 한다. 그런데 선배 교사들이 격려하며 문제를 같이 고민하고 해결하는 과정에서 희망과 용기를 되찾은 '집단적 효능감'이 발휘된 이야기였다.

두 번째 사례는 남부교육청의 '진심통심' 정책 사업으로 친구 간의 갈등을 대화와 조정으로 해결한 사례다. 진심통심 사업은 2023년 필자가 교육지원국장으로 근무할 당시 학폭 문제 해결 과정에 대한 문제 의식을 가지고 담당 장학사와 함께 고안하여 남부교육청에서 시행한 사업이다. 학폭이 접수되면 교육청에서 당사자들에게 화해·조정할 기회를 주고 절차를 진행했는데 매우 큰 성과가 있었다. 그래서 기회가 있을 때마다 서울시교육청은 물론 다른 교육지원청에도 소개하며 권했던 사업이다. 그런데 얼마 전 시범 교육청 단계를 거쳐 모든 교육청에 적용하기로 했다는 반가운 소식을 들었다. 아이들은 싸우면서 큰다는 말이 있듯이 학교 생활은 사회 생활에 필수적 역량인 갈등 조정 능력을 기르는 과정이 되어야 한다. 학생들이 친구와 갈등이 생겼을 때 법적 대응 이전에, 먼저 서로 사과하고 용서하며 타인과 더불어 함께 사는 사람으로 성장하는 교육적 경험을 주는 좋은 사례가 아닐 수 없다.

세 번째 사례는 방과후 지역 사회 협력 청소년 자치 배움터인 다가치 학교 운영 사례다. 다른 지역의 청소년 활동 공간과 달리 서울의 다가치 학교는 학교 공간의 일부를 방과후에 지역의 아동·청소년 및 지역 교육기관과 공유하는 개념이다. 오류중학교에 1호를 시작으로 현재 4호까지 다가치 교실로 확장되어 운영되고 있다. 대도시인 서울에서 청소년 공간은 너무나 부족한데 가장 안전하고 쾌적한 공간인 학교 공간이 방과후에 활용되지 못하는 것이 너무 아깝고 안타까워서 필자가 교장일 때 추진한 사업이었다. 현재 4년 차 위탁 운영 중인데 날로 발전하며 학교와 지역사회가 함께 협력하여 학교 공간에서 청소년의 성장을 지원하는 좋은 사례로 자리잡고 있다. 모든 아이들이 집 근처 가까이에서 이런 경험을 접할 수 있도록 학교 공간을 활용한 더 많은 기회가 만들어지길 희망한다.

개인의 선의를 넘어 '제도적 동행'으로

학교 구성원들이 서로 손을 맞잡으려 해도, 그들을 '각자도생'의 링 위로 다시 몰아넣는 제도적 장벽이 있다면 협력은 공허한 구호에 그칠 수밖에 없다. '홀로 두지 않는 문화'는 구성원의 선의에만 기댈 것이 아니라, 교육청과 교육부의 과감한 정책 전환이 병행될 때 비로소 완성된다.

첫째, 동료를 경쟁자로 만드는 '차등 성과급제', '학폭 가산점', '다면평가' 등 경쟁 논리에 기반한 정책을 전면 재검토해야 한다. 이런 제도는 교사의 교육 활동을 수치화하여 등급을 매긴다. 그런데 실제 교육은 고도의 협력적 행위다. 한 아이의 변화는 담임 교사 혼자의 공이 아니라, 교과 교사, 상담 교사, 동료 교사들의 보이지 않는 조력이 합쳐진 결과다. 저명한 경영 이론가인 에드워드 데밍은 "성과주의 보상 체계는 협력을 파괴하고 구성원의 내적 동기를 꺾는다"고 경고했다. 개인별 차등 보상보다 공동체인 '학교 단위' 또는 '학년 단위'의 성과를 인정하고 지원하는 방식으로 전환하여, 동료의 성공이 나의 기쁨이 되는 구조를 만들어야 한다.

둘째, '정량 중심의 교원 평정'에서 '성장 중심의 동료 피드백'으로 나아가야 한다. 현행 평정 시스템은 승진과 보직을 위해 동료보다 앞서 나가야 하는 구조를 고착화시켜 협력을 파괴하고 있다. 이는 교실 문을 닫고 홀로 분투하게 만드는 주범이다. 동료를 평가의 대상이 아닌 '성장의 파트너'로 인식할 수 있도록, 점수 위주의 평정을 지양하고 상호 컨설팅과 수업 나눔이 실질적인 협력과 지원으로 이어지는 체계가 마련되어야 한다.

셋째, '고립된 교실'을 지원하는 '행정적 안전망'을 구축해야 한다. 교사가 문제 행동 학생이나 악성 민원을 홀로 감당하도록 방치해서는 안 된다. 교육청 차원의 즉각적인 대응팀 운영을 실질화 하고, 학교장 중심의 책임 기구가 실효성 있게 작동할 수 있도록 법적·행정적 권한을 강화해야 한다. "나의 뒤에 학교와 교육청이 있다"는 확신이 들 때, 교사는 비로소 안심하고 아이들 곁에 머물 수 있다.

여전히, 사람이 희망이다

비고츠키가 말한 '근접발달영역'은 비단 아이들에게만 해당되는 개념이 아니다. 우리 교육 공동체 역시 혼자서는 도달할 수 없는 지점이 있다. 동료의 지지가 있고, 정책이 그 뒤를 든든히 받쳐줄 때 높은 문턱을 넘을 수 있다.

올 한 해 우리는 많은 어려운 고비를 통과하며 지나왔다. 내년의 학교는 '나'의 유능함을 증명하는 전쟁터가 아니라, '우리'라는 서로의 온기를 확인하는 광장이 되기를 소망한다. 서로를 환대하는 작지만 위대한 실천이 교육을 다시 세우는 강한 동력이 될 것이다. 우리는 연결되어 있기에 여전히 희망이 있다.

제3장

내 모든 것, 교단·학교·교육

처음처럼!
교육 문제를 생각할 때는 언제나, 내가 어떤 교육자가 되고자 했던가를 곱씹게 된다. 교단에 서는 걸 포기하고 학생운동, 노동 현장에 몸을 던졌던 날들, 뒤늦게 교단에 서게 되었던 내 삶의 역정을 되돌아보고 오늘 내가 선 자리, 내가 꿈꾸는 교육에 대한 생각을 가다듬는다.
그리고 스스로에게 묻는다. 그때 그 마음을 지키며, 새로운 문제 인식을 벼리고 있는가.

뒤늦게 교원으로 임용되어 교단에 서고, 눈망울 초롱하던 학생들을 만나던 감동의 순간을 기억한다. 간절한 열망으로 이룬 교사 임용이었고, 너무도 소중한 아이들과 마주 선 자리였다. '이 교단에서 혼신을 다하리라' 다짐하기도 했다.
그 마음을 기억하며, 지금 교단에 선 교사들, 그들을 바라보고 있을 아이들을 떠올린다. 교사들의 다짐, 학생들의 꿈을 잊지 않으리.

| 1 |

임용고사 도전,
교단에 서기까지

1997년 12월 18일에 김대중 대통령이 당선되었다. 나는 교사를 꿈꾸는 학생들이 다니는 사범대를 우여곡절 끝에 졸업했지만 그동안 임용고사를 치를 엄두를 못 내고 있었다. 시위 등에 연루되어 징역을 들락거렸고, 노동운동을 한다고 대학 이력을 숨기고 공장에 취업하고 노동현장에서 여러 대중 활동을 거듭해온지라 도전해도 이전 경력이 문제가 될 것이라 생각했기 때문이었다.

그런데 민주화 투쟁 과정에서 목숨을 위협받고 수차례 감옥에 수감되었던 분이 대통령에 당선된 것이다. 그렇다면 나도 이제는 기회가 있을지 모른다는 기대를 갖게 되었다. 기회만 보장되면 접어두었던 꿈, 교사가 되는 걸 도전해 볼 마음을 먹었다.

이런 결심을 한 배경에는 학원강사 생활에 회의감을 느꼈기 때문이기도 하다. 경제적인 이유로 시작한 학원강사 생활이었다. 그리고 재수생에게 지구과학을 가르치는 과정 자체는 재밌기도 했다. 재수생들이라 공부에 대한 의욕도 커서 수업이 크게 어렵지도 않았던 거 같다. 그러나 좋은 세상을 꿈꾸며 민주화운동을 해왔던 사람으로서 의미 있게 느껴지는 삶은 아니었다. 어느 정도 사회적으로 민주화를 이룬 시점에서 사범대학을 나온 사람으로서 좋은 교육을 만드는 일을 함께하고 싶다는 마음 또한 컸다.

당시 교사 임용고사는 대학교 내신에 따른 가산점이 반영되던 시기였다. 내신도 불리한 상황에서 서울은 지구과학 교사 정원이 5명 내외로 너무 적었다. 그래서 경기도로 택하여 시험을 치렀다. 첫 도전에 실패한 후 컴퓨터 가산점 2점을 챙겨서 다시 도전했다. 가산점 2점이 얼마나 큰 점수인지 뼈저리게 느꼈기 때문이다.

초등학교 1학년 딸과 세 살 터울인 다섯 살짜리 아들을 키우며 임용고사를 준비했다. 그리고 2000년에 차석으로 임용고사에 합격했다. 당시 시험은 지역교육청별로 문제가 달랐고 시험 과목을 전공인 지구과학 외에도 교육학과 생물, 물리, 화학까지 준비해야 했다.

당시 임용고사를 준비하는 과정은 만만치 않았다. 이때가 그때까지의 인생 중에서 가장 열심히 공부한 시기이기도 했다. 대학 시험인 학력고사 때보다 더 열심히 공부했던 거 같다. 학원 수업은 1주에 반으로 줄이고 나머지 시간은 집 근처에 고시원을 얻어서 밤늦게까지 공부했다. 저녁 준비를 해놓으면 그날은 남편이 야근 없이 퇴근해서 아이들을 돌봤다.

지금도 그렇지만 '한국 교사는 노량진에서 키운다'는 말처럼 나도 노량진으로 수업을 들으러 다녔다. 이때 처음으로 전기밥솥을 사야겠다는 결심을 하는 일이 생겼다. 그전까지는 압력밥솥에 밥을 해서 먹었다. 그날도 노량진으로 수업을 듣기 위해 시간을 다투며 저녁 식사를 준비했는데 압력밥솥에 밥이 아직 끓고 있는 상태였다. 남편이 퇴근하기 전이라 두 아이만 잠시 집에 있어야 하는 상황이었다. 어떻게 해야 하나 고민하다 딸에게 말했다. "엄마가 중간에 전화하면 가스 불을 끄면 된다"고 단단히 이르고 집을 나섰다. 그리고 버스를 타고 이동하다가 이 정도 시간이면 밥이 되었겠다 싶어서 전화해서 가스불을 끄도록 했다.

그런데 학원 수업을 마치고 집에 오니 밥이 숯이 되어 버렸다고 했다. 시간을 잘못 맞춘 것이다. 이런 상황이 너무 속상했다. 그동안 맛있는 밥을 먹으려고 압력밥솥을 고수했는데 이제는 안 되겠다 싶었다. 그때 마침 전기압력밥솥이 새로 시판되던 초기이기도 했다. 나는 큰 맘을 먹고 당시 비싼 가격을 감수하고 전기압력밥솥을 구입했다. 당시 가격으로 35만 원 정도였으니 매우 비싼 가격이었다. 그러나 이렇게까지 살아야 하나 싶은 마음에 큰맘을 먹고 '저질러 버렸다'. 결과는 아주 만족스러웠다. 밥을 얹히고 예약하면 남편이 올 때까지 편안한 마음으로 공부를 할 수 있게 되었기 때문이다.

지금 생각하면 너무 어린 딸에게 겁도 없이 이런 부탁을 시켰나 싶다. 긴 시간은 아니었지만 아빠가 올 때까지 근 한 시간 정도는 어린 동생까지 돌보며 둘이 있어야 했기 때문이다. 지금도 뉴스에서 아이들만 있다가 사고를 당한 사례를 보면 그때 별일 없이 넘어갔던 일이 다행스럽기만 하다.

2000년 3월 1일 드디어 정식 발령을 받고 부천에 있는 중학교에 첫 출근을 했다. 이렇게 고군분투 교사 생활이 시작되었다.

첫 학교는 아파트 지역에 있는 학교로 학구열이 비교적 높은 지역이었다. 첫해에는 남녀반이 따로 있었는데 나는 2학년 남자반 담임을 맡았는데 학생수는 45명 정도였다. 그 다음해부터는 남녀 합반으로 바뀌었다. 첫해 남학생반 담임 경험은 지금도 여러 가지 기억이 생생하다. 20살 이상의 재수생만 가르치다 처음 만난 사춘기 절정 중2 남학생반은 너무 난감한 일이 많았다. 흔히 사춘기를 '반인반수'인 시기라고 하는데 딱 적합한 표현이라는 생각이 들었다.

첫날 대면 때 인상적인 학생이 있었다. 맨 뒷자리에 있는 키 큰 남학생이었는데 수학 정석책을 펼치고 다소 거만한 표정으로 풀고 있었다.

나: "어 수학을 좋아하나 보다. 어렵지 않니?"

학생: "뭐 특목고 가려고 준비 중입니다. 별로 어렵지 않습니다."

나중에 이 학생은 과학고로 진학했다. 그리고 공업 전공으로 일본 유학을 갔다. 한국 귀국 후 사시를 보고 지금은 변호사로 활동하고 있다. 이 학생은 나중에 알게 된 친한 선생님의 조카였다. 인연이 이렇게 이어지는구나 싶었다.

성인인 재수생만 가르치다 45명이 있는 중2 남학생반에서 가르치는 일은 만만치 않았다. 게다가 대체로 사교육을 많이 받는 지역의 학원에서 선행한 학생들도 많아서 더 그랬지 싶다. 당시에는 체벌이 가능하던 시기였다. 나도 가끔씩 말로는 어려울 것이라고 지레 짐작하고는 회초리의 힘을 빌리고자 했다. 그런데 내가 힘이 약해서인지 손바닥을 맞는 남학생들의 태도가 완전 코메디 그 자체였다. 하나둘 숫자를 세면서 낄낄대고 웃어서 분위기가 오히려 더 산만해졌다. 한두 번 시도하다 아무런 의미가 없다고 생각되어 이후에는 회초리를 전혀 들고 않았다. 그리고 남아서 조곤조곤 상담하는 길을 택했다.

나: "수업시간에 그러면 안 되지 않을까?"(훈계조)

학생들: 차라리 몇 대 때려 주세요. 빨리 맞고 끝내고 싶습니다."

첫 학교에서의 우여곡절 교육 활동

연극반 동아리를 만들다

첫 학교에서 2년간 근무했는데 굉장히 많은 일이 있었던 거 같다. 첫해부터 학생 연극반 동아리 지도를 만들어서 운영했다. 대학교 때 연극반에서 활동해서 익숙하기도 했고 관심있는 학생들에게 기회를 주고 싶은 마음이 컸기 때문이다. 정규 교육과정 이외에도 청소년 연극제에 나가기 위해 방과후나 주말까지 나와서 연극 연습을 했다. 주말에 아이를 봐줄 사람이 없으면 아이들을 같이 데리고 가기도 했다. 대학교 때와 달리 중학교 연극반 지도는 교사의 손길이 매우 많이 필요했다. 종합예술인 만큼 준비가 많이 필요했는데 역할을 나눠도 하나하나 모두 챙기며 같이 해야 했다. 이 과정에서 왜 사서 고생을 하나 싶은 생각이 들기도 했지만 무대에서 아이들이 연기하는 모습을 보면 뿌듯한 마음에 그간의 고생이 스스르 녹는 듯했다. 청소년 연극제에서 학생들이 입상했을 때는 함께 기뻐했고 학년 말이면 전교생 앞에서 공연하는 자리를 만들어서 함께했다. 연극반 활동 이후에 예술고등학교로 진학하는 학생이 생기기도 했다. 이렇게 시작한 연극반 동아리 운영은 그 이후 학교를 옮기면서도 계속 이어졌다.

부모 교육의 필요를 느낀 사건

첫해에 마음 아픈 일도 있었다. 교사들은 학생들과 생활하다 보면 "문제 학생 뒤에는 문제 부모가 있다"는 말이 들어맞는 경우가 많다고 느낀다. 첫해에 과학부 기획 업무를 맡았다. 과학부 교무실이 중간에 있고 양쪽에 과학실험실이 있었다. 그런데 1학기 중순 경 과학부 교무실 선생님들이 돈을 잃어버리는 사건이 발생했다. 한 번에 그치지 않았다. 그러던 어느 날 생활지도부 교사가 학생이 훔치는 현장을 잡았다. 나중에 들으니 과학실험실 문을 열어놓고 숨어 있다가 현장을 덮친 것이다. 그런데 잡고 보니 우리 반 학생인 경준이었다. 평소 성적도 좋고 키도 크고 잘생긴 범생이 학생이라 충격이 컸다. 집안 형편도 어렵지 않았다. 나중에 상담을 통해 알게 된 사실은 부모님이 너무나 엄격하게 자녀를 대하는 것이 문제였구나 싶었다. 성적이 잘 나오지 않는 경우 '엎드려 뻗쳐'를 시켜놓고 몽둥이로 때리는 식이었다. 아마 그 스트레스를 이런 방식으로 표출했나 싶어서 안쓰러운 마음이 들었다. 훔친 수십만 원의 돈은 거의 쓰지 않고 땅속에 묻어둔 상태였다. 표정이 늘 어두웠던 그 학생의 모습이 그제서야 더 잘 이해가 되었다. 부모님과 상담하며 앞으로는 절대 때리시면 안 된다고 교육적으로 부탁을 드렸다. 아이도 이후에는 부모님의 체벌이 없다며 괜찮다고는 했지만 실제 내막을 알 수가 없었다. 그동안 어떻게 잘 성장했는지 걱정되고 궁금하기도 하다. 25년 전이니 지금은 마흔 살이 되었을 테다.

학교에서 아이들과 생활하다 보면 정말 부모 교육이 필수가 되어야 한다고 생각될 때가 부지기수다. 학교 교육 과정에서 부모 교육도 '삶과 연계된 교육과정'으로 학생들에게 필수적으로 이뤄진다면 더 좋은 부모가 될 수 있으리라 생각된다.

아버지와 아들

진성이는 말이 거의 없는 얌전하고 차분한 학생이었다. 마른 체격에 얼굴도 하얗고 몸도 마른 데다 말도 많이 없어서 더 기운이 없어 보였다. 말을 건네며 빙그레 웃던 미소가 무척 선해 보이는 학생이었다. 진성이와 상담을 하면서 아버지와 둘이 살고 있다는 사실을 알게 되었는데 아버지는 직장 일 때문에 집에 들어오지 못하는 날도 많다고 했다. 이런 가정 상황을 알고 나니 대체로 가정 형편이 중상위층인 지역에 있던 학교라서 그랬을지 더 마음이 많이 쓰였던 거 같다. 학원에도 다니지 않았던 진성이와는 짬이 나는 대로 이런저런 말을 걸며 진성이의 생활에 대해 관심을 더 가지게 되었다. 아버지와도 면담을 했는데 다행히 아버지는 진성이의 성장에 대해 관심이 많은 따뜻한 분으로 보였다. 집에서 반찬을 만들면 진성이가 생각나서 좀 더 만들어서 수업 마치고 따로 불러서 "너무 많이 만들어서 좀 나눠주려고 가져왔다"며 받아주면 고맙겠다고 건네기도 했다. 고맙게도 진성이도 별 선입견 없이 "잘 먹겠습니다"며 고맙게 받아줘서 안심되고 기뻤다.

2년을 첫 학교에서 근무하고 시국사건 관련으로 나의 경우처럼 졸업이 늦어진 경우를 구제하는 특별법이 통과되어 서울로 다시 신규 발령 받아 올 수 있는 기회가 생겼다. 고민이 되었지만 집도 서울이고 아는 교사들도 서울에 많아서 서울로 옮기기로 했다. 경기도교육청에 사직서를 내고 2002년 서울 금천구에 있는 중학교에 다시 신규 발령을 받아서 근무하게 되었다. 그때 인근 고등학교 선생님과 지역 행사에서 만

나서 대화를 나누는 과정에서 진성이가 그 학교로 전학을 왔다는 놀라
운 소식을 듣게 되었다. 소개하는 과정에서 경기도 근무 경력을 말하니
"어 그 학교에서 졸업한 학생이 얼마 전에 전학을 온 거 같은데요"라고
하셨다. 너무 반가운 소식이었다. 안 그래도 어떻게 지내고 있을지 종
종 생각이 나던 학생이라 더욱 반가웠다. 그리고 얼마 뒤에 그 선생님
께서 연결을 해 주셔서 진성이를 3년여 만에 다시 만났다. 아버지가 직
장을 옮기게 되어 이 지역으로 이사를 왔다고 했다. 아버지와도 잘 지
내고 있다는 소식을 듣고 더욱 반갑고 기뻤다. 이후에 몇 차례 더 연락
을 하다가 다시 이어지지 못해서 아쉬운 마음이 들지만 어디선가 성실
하게 잘 지내고 있으리라는 믿음이 가는 학생이다.

교장실에서 난 큰 소리 "이게 말이 됩니까?"

　2000년 시작한 경기도에서 시작한 교사 생활은 높은 벽 앞에서 선 듯
한 느낌이었다. 관료적이고 권위적인 학교문화는 상상 이상이었다. 당
시 교사가 60여 명 정도의 큰 학교로 전교조 조합원이 15명 가까이 있
었는데 분회장은 없었다. 나이 들어서 뒤늦게 교사가 된 나의 이력 탓
인지 그분들은 나를 거의 조합원처럼 생각했고 가까이 지냈다. 당시에
는 가입 원서를 받아서 행정실에 내고 조합비를 월급에서 떼던 시절이
었다. 그런데 가입 원서를 달라고 해도 받지 못해서 결국 조합비를 내
지는 못했다. 그러나 항상 조합원들과 같이 논의도 하고 모임도 했다.
서울로 떠나올 때는 송별회도 해 주고 이별 선물까지 받았다.

　조합비를 내는 것과 무관하게 전교조와 같이 활동했다. 2년 차에는
학교운영위원회에도 교원위원으로 참여했다. 경기도는 지금은 많이

달라졌을지 모르지만 당시 학교 문화는 매우 권위적이고 관료적이고 비민주적이었다. 교사들의 의견은 거의 받아들여지지 않는 분위기였다. 그리고 관리자인 교장과 교감의 의견은 뒤에서는 다들 불평하면서도 결국 모두 따라야 하는 식이었다. 한 가지만 예를 들면, 개학 후 학기 초에 환경 미화 심사를 준비하던 시기였다. 어느 학급에선가 커튼을 중간에 창문 가운데로 우아하게 맨 학급이 있었는데 이것을 본 관리자가 모든 학급에 이렇게 커튼을 매도록 지시했다. 그런데 해가 비치면 아이들이 커튼을 풀기도 하고 다시 매기도 해서 모양을 유지하기가 쉽지 않았는데 이로 인해 지적을 받는 것이 담임들의 스트레스였다. 잔소리를 들은 담임들은 이 문제로 아이들과 실갱이를 벌이게 되는 악순환이 벌어졌다. 그래서 결국 어떤 반은 커튼을 풀지 못하게 아예 그 모양대로 박아 버리기도 했다.

커튼의 기능은 미적인 것이 우선이 아니라 기능적인 것에서 출발했을 것이다. 사생활 보호, 바람과 햇빛을 막아 주는 기능일 텐데 햇빛이 비쳐도 관리자의 지시 때문에 이런 코메디 보다 더 우스운 일들이 다반사로 벌어지던 학교 문화였다. 나는 어이가 없는 일인지라 애초에 따르고 싶지 않았다. 그 대신 잔소리를 들었지만 왜 그래야 하는지 이해할 수 없고 따를 수 없다고 답하며 버텼다. 관리자들 입장에서는 그것도 어찌되었었든 신규 교사인데 어떻게 생각되었을지 불을 보듯 뻔하다.

그러다 2년째였던 어느 날 도저히 이해할 수 없는 지시가 내려왔다. 모든 교사들이 불만을 토해내던 일이었다. 나는 떨리기는 했지만 도저히 그냥 받아들일 수 없어서 교장실로 찾아갔다. 그리고 교장선생님께 이것은 말이 안 된다고 교장선생님 자리 앞에서 조목조목 따졌다. 교장

선생님은 부르르 떨며 고래고래 목소리를 높였다. 요지는 '버릇없게 어디 와서 뭘 얼마나 안다고 따지느냐?' 였다. 나 또한 이건 말이 안 되니 나는 따를 수 없다고 말하고는 가져갔던 서류를 내던지고 나왔다. 행정실 문을 열고 나오니 큰 소리에 모두 놀라서 일어서며 바라보며 "무슨 일 때문이냐?"고 물었다. 대략 말을 했더니 소리 내어 말은 못 하지만 내심 시원하다며 응원하는 분위기였다.

그때 학교에서 느꼈던 막막함은 정말 컸다. 학생들은 아직 성장하는 과정에 있는 사춘기 아이들이라 힘들긴 했지만 이해가 가고 막막하지도 않았다. 그러나 학교 문화가 이랬구나 싶고, 과연 민주적인 학교 문화를 만들어갈 수 있을지 벽앞에 선 듯한 느낌이었다. 공교육 교사로서 좋은 교육을 만들고 싶어 학교에 왔는데 과연 가능한 일일까 자꾸 되묻게 되었다.

돌아보니 이것이 진짜 교육과 민주적인 학교를 만들기 위한 현장 실천의 시작이기도 했다.

| 3 |

서울 중학교에
와서 보니

2002년 서울 소재 학교로 다시 신규 발령을 받았다. 첫 학교를 제외하고는 이후에는 모두 생활환경이 어려운 지역의 학교에서만 근무했다. 금천구에 있던 학교에 발령을 받아서 오니 처음에는 여러 면에서 경기도에 있을 때와는 천지 차이였다. 아침마다 하던 주번 교사 제도와 주말 당번 교사제도도 없었고 말도 안 되는 획일적인 지시 사항은 없어 보였다. 매우 민주적인 학교처럼 느껴졌고 아무 문제도 없어 보였다. 그런데도 교사들은 엄청 불만이 많아 보여서 처음에는 "무엇이 문제지? 왜 이렇게 불만이 많은 거지?"라는 생각이 절로 들었다. 겨울에 아주 추운 야외에 있다가 실내에만 들어가도 한동안은 추위를 별로 못 느끼는 것과 같았다.

전교조, 모든 학교에서 분회장으로

이전 첫 학교와 달리 이 학교는 전교조 분회와 분회장도 있어서 조직적으로 활발하게 분회 활동이 이루어지고 있었다. 나중에 들어보니 금천구는 서울남부교육청 관내인데 이 지역을 '남부군', '해방구' 등으로 부른다고 했다. 그 정도로 전교조 조합원도 많고 분회 활동도 활발한 지역이었다. 분회장은 내가 발령을 받아서 오자마자 전교조 가입 원서를 내밀었다. '딱 봐도 전교조에 가입해야 할 분이다'가 이유였다. 그래서 다른 지역에 비해 학교 또한 상대적으로 그렇게 느껴졌을 거 같다. 시간이 지나면서 점차 비교육적이고 비민주적이고 합리적이지 않은 여러 문제가 보이기 시작했다.

전교조 설립이 한창일 때에 나는 노동운동을 할 때라 노동 현장에서 지켜보며 응원할 뿐이었다. 그 과정에서 수 많은 교사들의 희생이 있었다. 그리고 전교조가 합법화되어서 노동조합에 가입할 수 있었다. 앞선 교사들의 노고에 진심으로 감사한 일이다. 전교조에 가입한 이후 근무한 모든 학교에서 분회장 역할을 맡아서 학교 민주화와 참교육을 위해 함께 실천했다. 처음으로 분회장을 맡았던 가산중학교에서는 조합원이 20여 명이 넘었다. 작지 않은 분회라 분회 운영위를 별도로 꾸렸다. 그리고 매주 수업이 없는 시간을 맞춰서 교직원 식당에 모여 운영위 회의를 했다. 학교에서 함께해야 할 여러 사항들을 미리 챙기고 의논하는 자리였다. 일상적인 조합 활동부터 학교 문제 파악과 개선 방안, 전교조 행사 등 여러 사항을 가지고 의논했는데 1시간이 늘 부족하게 느껴졌다. 일상적인 조합 활동 중 하나는 조합원들의 생일을 미리 파악해서 생일날이면 작은 생일 케익을 준비해서 근무하는 교무실에 가서 축하 노래와 함께 소박하고 따뜻한 축하의 자리를 가졌다.

그때가 인사자문위원회 논의가 시작되던 초반이라 민주적이고 합리적인 인사자문위원회 규정과 적용을 위해 노력을 많이 기울였다. 지금도 교장이 독단적으로 인사권을 행사하는 학교가 여전히 많다고 하는데 서울 남부교육청 관내 학교는 대체로 부장 추천 제도가 많이 정착되어 있다. 이전까지 교장이 맘대로 임명했던 부장 교사 및 교사들의 업무 분장을 인사자문위원회에서 합리적 기준으로 만들어 추천하는 방식으로 변화시킨 것이다. 이후 근무한 모든 학교에서 분회장을 하면서 민주적인 학교 문화를 만들기 위해 노력했다.

한 표가 가른 충격과 나비효과

2005년, 전교조 대의원을 맡게 되었다. 그리고 그해 11월 전국대의원회의에 참석한 이후에 앞으로 절대로 전교조에서 분회와 지회 차원의 교육활동 이상의 역할을 맡지 않겠다고 결심했다. 이유는 그때 회의에서 정파 간에 서로 다투는 모습을 보고 충격을 받았기 때문이다. 교원평가제도에 대한 수용 여부를 두고 논쟁이 컸는데 이수일 위원장은 직을 걸고 수정안을 표결에 부쳤다. 투표 결과 이수일 위원장의 수정안의 부결되어 위원장직을 상실하게 되었다.

그러나 대의원회의에서 정파 간의 대립하는 모습을 보면서 참교육을 지향하는 동지 관계가 맞는가 싶은 회의감이 깊이 들었다. 과반 찬성에 1표가 부족해서 위원장직을 상실하게 되었다는 결과가 발표되는 순간 망치로 한 대 맞은 듯한 충격을 받았다. 그리고 그 순간 반대 정파에서 "이겼다!!"라는 함성과 박수가 함께 터져 나왔다. 이 모습을 보고 나는 다시 또 한 대 얻어맞은 듯한 충격을 받았다.

교원 평가에 대한 이슈는 매우 예민한 사안으로 교사들 사이에서도 의견이 분분했다. 대의원대회 안건으로 상정된 후 나는 대의원으로서 교사들의 의견을 충분히 듣고 반영해야 한다고 생각했다. 대의원 자격으로서 투표권을 행사하지만 '대의'를 해야 하는 역할에서 개인 의견만으로 결정하는 것은 옳지 않다고 생각했기 때문이다. 대표로 참여할 때 개인의 의견과 전체의 의견을 어떻게 반영하여 최종 결정을 하는 것이 가장 올바른 판단일지 숙고하고 고민하게 되는 지점이다. 당시 들은 의견은 학교의 평조합원들은 대체로 위원장의 수정안을 받아들이자는 입장이었고, 지역의 분회장들은 부결해야 한다는 입장이었다. 고민이 커졌다. 당일 대의원대회에 참석해서 토론 결과를 보고 최종 결정해야겠다고 생각하고 회의에 참석했다.

회의는 자정을 넘어 새벽까지 계속 이어졌다. 발언권도 정파 대표들이 합의해서 동일하게 진행하는 것으로 보였다. 특정 정파에 속하지 않은 나로서는 발언 기회를 얻기조차 쉽지 않아 보였지만 용기를 내서 문제 제기를 했다. "저도 발언하고 싶습니다. 저처럼 어느 정파에 속하지 않은 대의원도 발언권을 줘야 맞지 않을까요?" 이렇게 해서 잠시 발언권을 얻어서 발언을 했는데 조합원들에게는 생중계가 되고 있었다.

발언을 마친 후 진행된 투표에서 나는 최종 '기권'을 선택했다. 기권도 의사 표현의 한 방법이라 생각했기 때문이다. 그런데 최종 개표 결과는 과반수 찬성에서 1표 부족으로 위원장이 사퇴하게 되는 것을 보면서 너무나 충격을 크게 받았다. 그리고 이수일 위원장께 그 이후 계속 내내 너무나 미안한 마음이 들었다. 이후에라도 꼭 한번 뵙고서 당시 본의 아니게 그런 결과를 만든 것에 대한 미안한 마음을 전해드리고 싶었다. 이건 기권 투표를 후회하는 것과는 별개의 문제이다. 찬반 여부를 떠나서 한 인간으로서 위원장직을 상실하는 상황에 이르게 한 것에 대한 미안함일 것이다. 비슷한 맥락에서 같은 전교조 조합원으로서 대표가 직을 상실하는 상황에서 반대 정파가 보인 모습은 적보다 못한 사이인가? 라는 생각을 들게 만들었다. 최소한 투표에서 승리한 것이 맞더라도 대표가 직을 상실하는 상황은 매우 안타까운 일이 아닐까 싶었다. 동지의 아픔을 기쁨으로 받아들이며 '환호작약'하는 듯한 모습에 충격이 커서 이후로는 정파 싸움의 현장에 휘말리고 싶지 않았다. 그래서 그 이후에도 지회장에 나서 달라는 요청에도 응하지 않고 지회 교육 활동 정도로만 제한하고 분회 활동을 중심으로 활동했다.

2024년 2월 명퇴를 선택하고 학교 밖에서 활동하시는 많은 분들을 만났다. 어느 날 한 선배 교사로부터 이수일 선생님의 최근 소식을 전해 듣게 되었다. 위원장 사퇴 이후 우여곡절이 적지 않았다는 소식을 들으며 또다시 당시의 안타까운 마음이 고스란히 살아났다. 선배 선생님은 나의 이런 이야기를 전해 듣고는 기회가 되면 꼭 전하겠다, 아마 조금이라도 마음의 위로가 될 수도 있지 싶다고 하셨다. 당시 수정안을 제출하며 부결 시 위원장직 사퇴를 걸 정도로 절실한 마음이셨으리라 생각된다.

| 4 |
딸은 체험 학습,
아들은 무단결석 처리

딸은 고등학교 1학년, 아들은 중학교 1학년일 때인 2008년 일제고사 반대 투쟁을 '가열차게' 벌일 때였다. 당시 일제고사 실시로 인한 학교 교육의 파행은 상상 그 이상이었다. 2009년 일제고사의 실태를 분석한 연합뉴스의 관련 기사 제목은 "〈일제고사〉 ① 도입 취지 어디 갔나. 문제 풀이 반복으로 학교 성적 올리기에 급급 0교시 보충수업 파행 심각.. 일부선 예체능 축소"였다. 기사 제목만으로 일제고사로 인한 학교 교육의 파행이 어떠했는지 짐작할 수 있다. 0교시 수업은 물론 방과후 수업 보충, 예체능 과목 본 수업 시간에도 시험 대비 문제 풀이가 횡행했다.

전교조는 2008년 10월 실시가 예정된 일제고사 전면 거부를 밝히고 투쟁에 들어갔다. 투쟁방법 중 하나가 교사들이 일제고사 반대 이유를 학부모와 학생들에게 안내하고 일제고사 일에 학생들이 체험 학습을 쓰도록 허용하는 것이었다. 나는 당시 오류중학교에서 분회장의 역할을 맡고 있었다. 일제고사 일을 앞두고 학부모에게는 편지로 안내하고 학생들에게 취지를 설명했다. 그리고 평소 '지행합일'을 중요한 신념으로 여기고 살아온 사람으로서 나의 딸과 아들도 당연히 체험 학습을 신청해야 한다고 생각했다. 공개적으로 일제고사를 반대한 교사로서 응당 그래야 했다. 당시 교육부는 시험 당일 체험 학습은 불가하다는 지침을 시행한 터라 무단결석을 각오해야 했다. 반대하고 있었지만 엄마인 나로서는 자식이라 해도 아이들에게 일방적으로 강요할 수는 없었다. 두 아이를 앉혀놓고 일제고사에 대한 대화를 나눴다. 두 아이 모두 흔쾌히 일제고사의 문제점을 이해하고 적극적으로 동의했다. 어쩌면 무단결석이 될 수도 있다는 사실도 물론 같이 이야기했다. 다행스럽고 고마운 일이었다. 이런 상황은 부모로서 인간적으로 고민되는 지점이다. 부모의 신념으로 아이들의 인생에 어쩌면 이후 인생에서 불리할 수도 있는 조건을 만들게 되는 것은 아닌가 하는 미안한 생각이 드는 것 또한 엄마로서는 어쩔 수 없었다.

두 아이의 담임 선생님의 반응은 크게 달랐다. 큰 아이인 딸의 담임 선생님은 이전에 전교조 서울지부장이셨던 유승준 선생님이셨는데 담임 교사로서 체험 학습으로 인정하겠다고 학교장에게 전달하시며 만약 체험 학습을 허락하지 못한다면 '나부터 징계하라'고 통보하셨다고 한다. 딸은 유승준 선생님이 담임 교사라서 체험 학습으로 인정받을 수 있었다.

그러나 아들이 다니는 중학교는 달랐다. 아들의 담임 교사와 교감 선생님에게 전화를 받았다.

학교 측: 교사로서 취지는 이해합니다. 그러나 지침에 의해 체험 학습은 불가합니다. 시험날 학교에 안 나오면 무단결석으로 처리될 수밖에 없습니다. 그러면 나중에 내신 등에서도 피해를 받습니다. 꼭 학교

에 보내 주시길 부탁드립니다.

　나: 학교를 어렵게 만들어서 죄송합니다. 엄마이기 전에 저는 교사이기도 합니다. 그리고 아들 또한 체험 학습에 동의하였습니다. 저는 학생이 신청한 체험 학습을 학교가 허락하지 않는 것은 부당하다고 생각합니다. 허락해 주시길 다시 한번 부탁드립니다.

　결국 아들은 '무단결석' 처분을 받았다. 담임 선생님은 아들을 불러서도 체험 학습은 불가하나 꼭 학교에 나와야 한다고 설득했다고 한다. 그때 아들은 "저도 일제고사가 없어져야 한다고 생각합니다"라고 답했다고 한다. 아들에게 이 이야기를 들으면서 미안하면서도 고맙고 든든하다고 생각했었다. 그러나 이후에도 이 일로 아들이 체험 학습이 불허되고 '무단결석'이 된 것은 부당하다고 생각했다. 그래서 학교에 문제제기도 해보았지만 받아들여지지 않았다. 법적인 절차를 밟아야 하나 고민도 없진 않았으나 여러 이유로 생각에 그치고 실행하지 못했다.

　그다음 해인 2009년 3월 31일에 일제고사가 예정되어 있었다. 이때 전교조 서울지부는 실명을 공개하며 '일제고사 폐지 불복종운동 실천교사'를 조직하여 발표했다. 서울은 122명이었는데 나도 함께 참여했다. 이전 해인 2008년 일제고사 체험 학습을 허용한 8명의 교사가 파면·해임 당한 전례가 있어서 또다시 중징계를 내릴 수도 있는 상황이었다. 이 징계의 부당함에 대한 저항이기도 했다. 명단을 올리며 '설마 또 그러겠어?' 싶기도 했지만 '이 일로 짤린다면 그건 그때 가서 또 어찌 되겠지' 하는 마음으로 함께 참여했다. 일제고사로 인해 학교 현장은 점점 더 황폐해지고 있었다.

일제고사는 2017년 문재인 정부가 들어서면서 폐지되었다. 이 책을 쓰면서 이때 일을 아들에게 이야기하니 "헐, 그랬었나? 무단결석이 있었다고?"라는 반응이었다. 당시에는 굉장히 심각한 문제였다. 그런데 지금은 아들을 보니 기억이 가물거릴 정도로 나쁜 영향으로 남아있지는 않았구나 싶어서 다행이다 싶은 마음이 들었다. 아들에게는 이 또한 학교 생활의 일상 중에 한가지였나 싶다.

 학교 앞 보수 단체 1인 시위

2009년 일제고사 사태가 있고 나서 얼마 후의 일이다. 아침에 출근을 하는데 학교 정문 앞에서 보수 단체 사람들이 피켓을 들고 1인 시위를 하고 있었다. 옆에 봉고차도 세워놨는데 플래카드가 떡 하니 붙어 있었다. 내용은 "빨갱이 전교조 교사 홍제남, 황○○는 제명하라" 이런 내용이었다. 어이가 없었다. 일제고사 반대 학생들이 등교하는 시간이라 더욱 화가 나고 황당했다.

나는 무슨 근거로 '이런 말도 안 되는 소리를 하느냐, 등교 시간에 학생들이 모두 보는 앞에서 비교육적인 행동이다, 명예훼손으로 고발 조치하겠다'라고 항의했지만 1인 시위라 막을 수도 없다고 했다. 너무 화가 나고 억울하기도 했지만 달리 대응할 방법을 찾지 못해서 더욱 황당했다. 1인 시위에 그치지 않고 그들은 봉고차를 끌고 도로를 돌면서 방송까지 하고 다녔다고 한다. 백 보 양보해도 일제고사를 반대하는 것이 왜 빨갱이 교사로 연결되는지 지금도 그들의 사고는 이해할 수 없다. 아마도 그들은 전교조 교사라는 사실만으로 그 이유는 충분하다고 생각했으리라 짐작할 뿐이다.

우리 두 아이 특히 둘째 아이는 엄마의 전교조 활동 과정을 꽤 많이 함께했다. 아이들을 데리고 분회 및 지회 활동과 전교조 집회 등에 참여했다. 아들은 전교조 남부지회에서 진행한 '교사 아카데미 연수'를 2년 간이나 함께했다. 연수가 있는 날이면 아들은 미리 자신이 읽을 책이나 놀잇감을 챙겨서 늘 내 옆자리에 앉아서 얌전하게 함께했다. 대부분은 자신이 챙겨간 것들을 가지고 시간을 보냈지만 가끔은 자신이 이해가 가거나 재밌다고 느낀 연수는 열심히 듣기도 했다. 특히 서울대 미대 초창기 원로 교수들의 친일 행적을 거론했다는 이유로 해직되었던 미술대 김민수 교수의 강의는 아들도 매우 집중해서 즐겁게 들었던 기억이 생생하다. 주로 그림 위주의 강의 자료와 돈에 그려져 있는 퇴계 이황 등의 그림에 대한 이야기라서 그랬던 거 같다.

어느 날 전교조 남부지회 회의에 아들을 데리고 참석했다. 그때 남부지회장은 지난 2023년 10월 23일에 11년의 투병 생활 끝에 떠나신 이병우 선생님이셨다. 이병우 선생님은 아들에게 반갑게 인사를 건네며 만류에도 불구하고 1만 원을 꺼내서 용돈으로 주셨다. 하도 주고 싶다고 하서서 중간에서 엄마를 바라보는 아들에게 감사하다고 인사하고 받으라고 할 수밖에 없었다. 이병우 선생님은 늘 따뜻한 미소와 유머로 상대방 분위기를 편안하게 만드시는 분이었다. 서울지부장으로 활동하셨던 2012년 5월 5일 어린이날 행사에 참여했다가 귀가하는 길에 쓰러지셔서 11년 동안 투병 생활 끝에 생을 마치셨다. 늘 따뜻한 미소로 맞아 주시고 후배 교사들을 격려해 주셨던 이병우 선생님의 따뜻한 미소가 새삼 더 떠오르며 그리워진다.

5

공부엔 때가 없네,
뒤늦게 대학원에 진학

솔직히 고백하면 나는 공부를 그렇게 많이 좋아하는 사람은 아닌 거 같다. 그러던 내가 쉰 살이 되어 뒤늦게 대학원에서 공부하게 된 것은 혁신학교의 경험 때문이었다.

혁신학교를 준비할 때도 혁신학교를 진행할 때도 학교 안에서 여러 명의 강사를 불러서 관련 연수를 진행했다. 담당 업무자로서 강사를 선정하고 섭외하고 뒤에 마무리까지 맡아서 진행했다. 그런데 좋은 강의라도 듣고 나면 따라오는 교사들이 자주 하는 평이 있었다.

"다 맞는 말씀이고 좋은 이론인데, 본인이 직접 해본 적은 없지 않느냐?"

특히 교사 경험이 없는 전문 연구자인 경우에는 더 그런 피드백이 많았다. 혁신학교의 주요 과제 중 하나였던 수업 연구회에서도 비슷한 상황이 벌어졌다.

첫 제안 수업과 피드백

2011년 혁신학교를 시작할 때 가장 중요하게 생각한 최종 목표는 수업 혁신이었다. 혁신학교를 준비할 때 실시한 설문에서 교사들이 가장 혁신이 필요하다고 응답한 내용이기도 했다. 수업 혁신을 위해 공개수업을 했는데 혁신부장이었던 내가 첫 번째로 제안 수업을 하게 되었다. 그때 '배움의 공동체' 연구자인 손우정 교수를 컨설팅 전문가로 1년 동안 함께하기도 하였다. 손우정 교수는 혁신학교 준비 과정부터 함께했다. 손우정 교수는 교사는 물론 학생과 학부모 연수까지 맡아서 진행해 주셨다.

2011년 봄 1학년 과학 암석 단원에서 암석의 분류를 주제로 첫 제안 수업을 진행했다. 일과 수업을 모두 마친 후 한 반을 남겼다. 모든 교사들이 참관하는 가운데 평소 진도에 맞춰 준비한 수업을 진행했다. 공개수업은 장기를 내놓은 것과 같다고 하는데 많이 긴장되었지만 막상 수업을 진행하니 마음이 안정되었다. 학생들도 담임 선생님은 물론 교장, 교감 선생님을 비롯하여 학교에 계신 수십 명의 선생님들이 보고 계신 자리라서 그런지 평소보다 더 진지한 자세로 수업에 참여했다.

공개수업은 수업 준비-수업 진행-수업평가회를 한 세트로 진행했다. 수업을 마친 후 학생들은 귀가시키고 교원들만 남아서 수업평가회를 진행했다. 혁신학교에서 진행하는 공개수업 연구회가 기존의 연구수업과 다른 결정적인 부분은 공개수업에 대한 관점과 평가회이다. 교사들이 공개수업을 참관할 때 관찰 초점은 교사의 수업 기술보다는 학생들이 수업에 참여하는 모습이다. 교사의 가르침이 학생의 배움에 닿아야 하기 때문이다. 교사의 수업 진행에 따라 학생들이 어떻게 반응하는지를 세심하게 살펴서 공유하는데 이것은 이후 수업 개선을 위한 소중한 자료가 된다.

이날 수업평가회는 수업 교사의 소감을 시작으로 교사들의 관찰 지

점 나누기와 손우정 교수의 컨설팅으로 진행되었다. 이때 손우정 교수
는 학생들의 반응을 기반으로 수업 진행에서 개선 사항을 한두 가지 지
적했다. 암석 분류 실험이었는데 실험 계획과 진행 과정의 발문에 대한
부분이었다. 수업자인 나로서는 수긍이 충분히 가능한 부분이었다. 많
은 노력을 들여서 공개수업 연구회를 하는 목적이기도 했다. 그런데 이
런 지적에 대해 교사들에서 의외의 반응이 나타났다. 아마 수업 교사인
내가 상처를 받았을까 봐 그런 측면도 있었던 거 같다. 혁신학교 이전
의 연구수업 과정에서 교사들이 받았던 상처들이 매우 컸기 때문이다.
그러나 이런 반응의 심리적 근저에는 '이런 어려운 학교에서 직접 수업
을 해본 적이 없는' 연구 전문가의 말이라 기본적인 신뢰 기반이 약하고
이로 인해 설득력도 떨어진다고 생각되었다.

　교사는 교직의 특성상 실행 연구자이기도 해야 한다. 자신의 교육 활
동을 상황 변화에 적합하게 끊임없이 개선해 나가야 하기 때문이다. 실
제 학교에서 벌어지는 여러 문제를 가장 잘 알고 있는 사람은 교사이
기도 하다. 이로 인해 현장에 기반한 문제 해결 방안을 가장 잘 제시하
고 실행할 수 있는 사람은 교사일 수밖에 없다. '구슬을 가장 많이 가지
고 있는 사람'인 교사가 그 구슬을 꿸 수 있는 연구자적 시각을 갖출 필
요가 있다고 생각했다. 이런 교사들의 모습이 대학원에 진학하게 된 큰
동기가 되었다.

석사 과정, 같은 84인데요?

　2014년에 교원대 대학원 공통과학교육학과에 진학했다. 대학원 과
정은 일반 대학원생보다 파견교사들이 더 많았다. 오류중학교에서 6년

근무를 마치고 2013년부터 영림중학교에서 근무하게 되었다. 유임하게 된 이유는 5년 차인 2011년에 혁신부장을 맡은 상황이라 1년이라도 남아서 혁신학교를 더 안착시켜야 한다는 교사들의 요청이 컸기 때문이었다. 평소 유임 등을 반대해온 사람으로서 긴 고민 끝에 3명의 교사가 함께 1년을 유임하기로 의견을 모았다.

영림중학교는 당시에는 혁신학교가 아니었지만 혁신학교에서 진행했던 학년부제, 업무 경감을 위한 업무 시스템 재편 등을 논의하기 시작했다. 대학원에 가려면 학교를 옮긴 이 시점이 적기라 생각했다. 시간이 지날수록 학교 일에 점점 더 깊게 개입하게 될 것이 뻔하기 때문이다. 마침 교원대 대학원에 파견교사로 있던 동기의 제안으로 대학원 파견 시험을 보았는데 합격이었다. 그간 혁신학교를 만드는 일에 몰입해서인지 스스로 많이 소진되어 있는 상태라 생각되어 충전할 필요가 있다고 생각이 들기도 하던 차였다. 그리고 그동안 학교 일과 아이들 양육 및 가사노동으로 지쳐있던 나에게 대학원에서의 생활은 너무나 새로운 생활이었다. 대학원에 들어간 후에 학교 앞에 작은 집을 구해서 태어난 이후 처음으로 혼자 사는 생활을 시작했다. 대학교 1학년이던 아들이 2학기에 반수 생활을 시작했지만 그대로 유지했다. 주말이면 올라와서 반찬 등을 챙겨주는 것이 할 수 있는 일의 전부였다. 아들은 학원도 전혀 다니지 않았는데 혼자서 차분하게 반수 생활을 잘해 나갔다. 고마운 마음이 크다.

대학원에 가기 전에는 잘 몰랐는데 전국에서 많은 교사들이 파견교사로 교원대 대학원에서 와서 공부하고 있었다. 더욱 놀라웠던 점은 생각 외로 젊은 교사들이 더 많다는 점이었다. 첫해에 젊은 파견교사들과 모임을 함께할 기회가 있었다. 학교 앞 맥주집에 둘러 앉아서 자기소개를 하는데 한 교사가 "저는 84입니다"라고 했다. 84학번인 나는 순간적으로 학번이 떠올라서 얼떨결에 "어? 저도 84인데요?"하고 말았다. 그리고 깨달았다. 학번이 아니라 태어난 년도라는 사실을. 어찌나 무안했는지 모른다. 자리에 함께한 다른 교사들도 크게 다르지 않았다.

이런 이유는 임용고시를 치르느라 너무 지쳐있는 상태에서 바로 발령을 받아서 학교에서 정신없이 지내게 되어서 쉬고 싶은 마음이 크다고 했다. 교육청별로 다소 차이는 있지만 대체로 실근무 경력 3년 이상이면 지원할 수 있는데 이 조건을 채우면 바로 지원해서 오는 경우가 많기 때문이다. 파견 제도가 내실 있게 운영되어야 하는데 안타까운 마음이 컸다. 파견교사들은 대체로 지도 교수의 조교 같은 역할을 수행하는 경우가 대부분이었다.

파견교사 제도는 교육청에서 많은 예산을 투자해서 교사 교육의 차원에서 보낸 것인데 과연 그 목적을 달성하고 있는지 그리고 교육청은 이런 사실을 모니터링 하고 있는지 의문이었다. 이런 상황이 너무 아까웠다. 파견교사들의 생활은 너무 각양각색이었다. 지도 교수를 보좌하느라 정신이 없는 경우도 많았고 이런 갈등으로 다시 학교로 복귀하는 경우까지 생겼다. 아니면 각자가 하고 싶은 취미 생활 등을 하며 지내는 경우도 적지 않았다. 모처럼 여유 있는 시간을 가지면서 충전할 필요에 대해서는 적극 동의하지만 교육청과 대학원이 파견 목적에 맞게 운영하는지에 대해 심각한 문제의식을 느꼈다. 뭐든 문제의식이 생기면 지나치지 못하고 해결을 해야 하는 성격이라 이번에도 그냥 넘어가지 못하고 말았다. 대학원 학생회를 통해 관련하여 문제의식을 공유하고 해결 방안을 찾고 싶었다.

대학원 총학생회 활동과 교사학습공동체 연구

대학원 학생회를 조직해서 학생회를 통해 좀 더 공식적으로 교사 교육에 대한 문제의식을 공론화해야겠다고 생각했다. 전교조 파견 교사와 문제의식에 동의하는 교사들과 함께 대학원 총학생회 구성을 논의하고 나는 실질적인 일을 할 수 있는 교육연구국장을 맡았다. 또한 문제 의식에 공감하는 교수님들과 만나 교사 교육 개선을 위한 발전 방향을 논의해 나갔다. 이런 논의를 종합하여 '대학원 교사 교육 공개 세미나'를 열었다. 이를 위해 교사들의 '대학원 연수 개혁을 위한 질적 연구'를 진행해서 대학원 총학생회 주관으로 공개 세미나를 주최했다.

"교육의 질은 교사의 질을 넘지 못한다"는 만고 불변의 진리일 것이다. 아무리 좋은 정책도 학생들과 직접 만나서 실행하는 사람은 교사이기 때문이다. 예비 교사 교육이 제대로 이루어지는 것이 첫 번째이다. 그러나 암기식 임용고사 준비 위주로 돌아가는 현재 시스템으로는 한계가 명확하다. 이런 상황에서 교사 임용 후의 교육은 더욱 중요하다.

대학원 파견교사 제도는 이런 측면에서 더욱 중요하게 인식되고 관리될 필요가 있다. 특히 교원대의 경우는 전국의 모든 교사들이 모이는 곳이라 교사 교육의 성과는 전국적으로 확산될 수 있기에 더욱 중요하다.

나의 석사 학위 논문 주제도 혁신학교에서 진행하는 교사학습공동체였다. 혁신학교의 주요한 특성인 교사들의 자발성과 헌신에 기반한 교사들의 학습 공동체 활동을 양적 연구와 질적 연구로 구체적으로 깊이 들여다본 연구이다. 학교 혁신과 교육 혁신의 가장 주요한 주체는 교사이며 교사학습공동체를 통해서 어떻게 교사들이 함께 성장하며 학교 혁신과 수업 혁신으로 나아가고 있는지 잘 보여줄 수 있어서 뿌듯했다.

박사 학위 논문 주제는 '학습권 실현 조건 탐색'

애초에 박사 학위까지 마음먹고 석사 과정을 시작한 것은 아니었다. 그런데 석사 과정을 거치며 여러 연구를 직·간접적으로 참여하는 과정에서 현장 실천에 기반한 교육 혁신에 대한 연구가 더 많이 필요하다고 느꼈다. 주변에서도 이왕 나선 길이니 연구 능력을 보다 갖춘 현장 전문 연구자가 되라는 격려도 많았다. 마음을 굳게 먹고 나이도 적지 않으니 바로 교원대학교 교육정책전문대학원에 합격하여 박사 과정을 시작했다.

지도 교수가 정해진 후 인사를 드리러 연구실로 찾아뵈었다. 인사를 나눈 후에 말씀드렸다.

"저는 학위 논문을 졸업하는 3년 안에 마치고 싶습니다. 늦게 시작한 만큼 집중해서 빨리 마치고 싶습니다" 지도 교수님이 다소 놀라신듯한 표정으로 웃으며 답하셨다. "원래 성격이 그러신가요?". 이렇게 시작한 박사 학위 과정은 만만치 않았다. 첫해에는 학교에 근무하며 공부를 병행했지만 2년 차부터는 논문 작성에 집중하기 위해 휴직을 하고 다시 교원대 앞 월세 집을 얻어 살면서 대학원 공부에 집중했다. 이 시기에 혁신 교육 관련하여 여러 공동 연구에 참여했다. 혁신학교 교육과정, 미래 교육, 미래 학교 체제, 마을 교육 공동체 등의 연구를 같이 했다.

박사 학위 논문 주제는 긴 고심 끝에 '학습권 실현 조건 탐색'으로 정했다. 고심이 길었던 이유는 연구가 필요한 주제가 많았기 때문이다. 교사 교육은 특히 마지막까지 고심했던 주제였다. 최종적으로 학습권 실현 조건 탐색으로 결정한 이유는 혁신학교 정책으로 대표되는 교육 혁신이 최종 지향하는 것은 학습자의 학습이기 때문이다. 혁신학교는 이전에 비해 많은 성과를 내고 있지만 배움의 주체인 학습자가 학습권을 실현하고 있지는 못한 상태이다. 혁신 교육 성공을 위해 학습권 실현을 위해서는 어떤 조건이 필요한지 연구하여 제시하고자 하였다.

연구를 위해 학습권이 상당 부분 실현되고 있다고 판단하고 목적 표집한 방과후 지역협력 청소년 자치배움터인 경기도 의정부 몽실학교 주변에 방을 얻어 살면서 활동 관찰과 참여, 심층 면접 등을 진행했다. 질적 연구가 주였지만 양적 연구도 병행하여 보다 타당도와 신뢰도가 높은 연구 결과를 도출하려 노력했다. 논문을 쓰는 과정은 후반부로 갈수록 밥을 넘기기 어려울 정도로 힘든 과정이었다.

논문을 완성하여 최종 심사를 통과하고 나서 지도 교수님이 하신 말씀이 기억에 남는다.

"수고 많으셨습니다. 이제 전문 연구자의 자격을 갖추신 겁니다. 이것은 운전면허를 딴 것과 비슷하다고 생각합니다. 방법을 아셨으니 앞으로 좋은 연구 많이 하시기 바랍니다."

이렇게 작성한 논문은 줄이고 줄여서 400쪽에 달했다. 참여자들의 말 한마디 한마디가 너무나 소중한 연구 과정이었다. 새삼 연구에 참여해주신 참여자에게 감사한 마음이 크다.

6

우여곡절을 넘어
오류중학교 공모 교장으로

나는 땅바닥을 기어 다니는 뱀띠해에 태어난 탓인지 인생 굽이굽이
마다 우여곡절이 많았구나 싶다. 원하는 아들이 아닌 딸로 태어나 '남
동생'을 뜻하는 제남(아우弟, 사내男)이라는 이름을 얻은 것이 시작이
아닐까 싶다. 학생운동과 노동운동을 할 때는 특별히 거물도 아니었는
데 세 번이나 구속이 되었다. 겨우 뒤늦게 복학해서 대학교를 졸업할
때는 그해 졸업생부터 교사 임용고사가 적용되었다.

교장이 되는 과정도 크게 우여곡절을 겪었다. 2018년 2학기 내부 b
형 교장 공모에 응모했다. 열심히 준비해서 무난히 1차인 학교 심사를
통과했다. 그러나 2차인 교육지원청에서 탈락했다는 결과를 알게 되었
다. 당시에는 1차에서 3명을 선정해서 보내면, 2차 심사에서는 2명만 3
차로 올리는 방식이었다. 당시 같은 시기에 진행했던 도봉초등학교도
마찬가지였다. 두학교 모두 평교사 출신이 좋은 성적으로 통과했으나
2차 심사에서 모두 탈락되었고 교감인 후보들이 1위로 올라갔다. 결과
적으로 학교에서 좋은 성적을 얻은 평교사 출신인 둘은 3차 심사인 시
교육청의 심사 대상이 될 수 없게 되었다. 이 사실이 밝혀진 후 두 학교
의 학부모들과 교원들은 강력하게 항의했다. 그때 싸운 결과로 지금은

2차에서 심사는 하되 3명 모두를 3차로 올리도록 개선되었다.

두 학교가 요구한 것은 1차 심사인 학교 구성원들의 선택을 존중해야 한다는 것이었다. 서울시의회 교육위원회도 문제의식에 동감하며 함께 문제 해결을 요구했다. 그 결과로 최종적으로 협상된 것은 2학기에 학교운영위원회에서 다음 학기에 다시 공모 교장을 재추진할 것인지 아니면 일반 교장을 받을 것인지 결정하라는 것이었다. 요구한 원상회복은 아니었지만 두 학교 모두 공모 교장을 재추진하기로 학운위에서 결정했다. 이 때문에 2018년 2학기는 두 학교 모두 교장 없는 학교를 경험했다.

학교에서 교사들이 종종 하는 말이 있다. '학교에 관리자가 없는 게 오히려 더 낫다'는 말이다. 이 말은 "교장이 학교에 꼭 필요한가?"라는 말로 해석이 가능하다. 실제 교장이 며칠씩 학교를 비워도 학교는 잘만 돌아간다. 2학기에 재공모에 다시 응할지에 대한 고민이 적지 않았지만 열심히 싸운 구성원들을 봐서라도 다시 응모하였고 최종 선발되었다. 발령장을 받고 학교에서 교직원들을 만났을 때 나는 "여러분들은 판도라의 상자를 열어보셨네요. 교장이 없는 학교를 1학기 동안 경험하셨습니다. 저는 '교장이 있어서 정말 좋네'라는 생각이 드실 수 있도록 노력하겠습니다"라고 인사말을 했다.

교장 4년의 임기는 변화를 추구하고 안착시키기엔 길지 않다. 교사로 6년간 근무한 학교이고 혁신부장을 맡아 혁신학교를 시작하고 구축한지라 학교 상황을 잘 이해하고 있었다. 또한 구로지역은 청년 시기부터 노동운동을 시작하고 결혼하고 두 아이를 낳고 살았던 지역이라 인적인 네트워크도 많았다. 이것이 발령 첫해부터 바로 일을 시작할 수 있었던 배경이었다.

대체로 교장 발령을 받아서 4년을 채우는 경우는 많지 않다. 약 25% 만이 임기를 채우는 것으로 조사되었다. 이렇게 짧은 기간 근무하는 것으로는 학교를 변화시키기는 매우 어렵다. 애초에 4년이 안 남은 상태로 발령을 받은 경우도 있고, 그렇지 않아도 중간에 자신이 바라는 다른 학교로 전보를 신청해서 가는 경우도 있다. 전문직의 경우는 다시 교육청으로 승진하여 돌아간다. 이런 상황이니 교사들이 '교장이 있으나 마나'로 생각할 수밖에 없다.

교장에 지원한 이유는 교사로서 권한의 한계를 많이 느꼈기 때문이었다. 혁신학교를 진행할 때 여러 가지 문제로 학교장과 부딪혀야 했다. 그때 푸념 삼아 했던 말이 '차라리 교장하고 말지'였는데 말이 씨가 되었나 싶다. 혁신부장을 맡았을 때 수업을 하면서 학교전체의 혁신을 조정하고 아울러야 했는데 이 일은 교장이 할 역할이라고 생각했다. 그래서 교장에 지원할 때 공약한 교장상은 '행정 실무형 민주적 리더십'을 발휘하는 교장이었다. 그리고 실제로 그렇게 하려고 노력했다. 교장으로서 한 일은 2024년에 학교 운영의 경험을 영역별로 전반적으로 담아 적은 졸저「교장이 바뀌면 학교가 바뀐다」에 담아서 출간했다.

2011년부터 운영해온 혁신학교가 좀 더 안정적이고 질 높게 운영될 수 있도록 세심하게 지원했다. 교장이 맡은 구체적인 업무로 교육계획서를 작성하고, 학부모회를 담당했다. 또한 부장회의를 준비-진행-결과 공유까지 직접 챙겼다. 민원이 발생했을 때는 적극적으로 나서서 교사를 보호하면서 학부모를 직접 만나 문제를 해결했다. 학생 사안에도 적극적으로 개입하여 교사들이 홀로 감당하지 않도록 했다. 올해부터 법제화되어 시행되는 학생맞춤형 통합 지원은 내용적으로 혁신학교들에서 학생 사안을 해결하던 방식이기도 하다. 학생들과는 동아리를 운영하며 학생 쉼터인 트리하우스 '오동통통'을 설계하여 만들었다.

2020년부터 시작된 코로나로 학교 운영에 여러 어려움이 있었다. 철저한 방역을 기본으로 2020년 2학기부터는 학생들이 최대한 학교에 나올 수 있도록 2부제를 설득하여 추진했다. 그리고 2021년부터는 전교생 전면 등교를 3월부터 시행하였다. 이런 과정에서 교사들과 꾸준히 대화하며 함께했다. 그 과정에서 갈등이 없지 않았지만 설득하고 대화하며 이 과정을 헤쳐나갔다. 교장 생활에 대한 4년간의 여러 일은 별도로 출간한 책으로 대신한다.

책 제목처럼 교장이 바뀌면 학교는 어떤 방향으로든 바뀔 수밖에 없다. 교장이 우리나라 교육 문제를 근본적으로 해결할 수는 없을 것이다. 그러나 가장이 가정을 지키듯이 교장은 학교를 지키는 역할을 해야 하고 할 수 있는 권한을 가지고 있다. 이런 역할을 잘 인식하고 실천할 수 있는 교장제도로의 변화가 필요하다.

| 7 |

교육 정책 개혁을 꿈꾸며
교육청으로

교장이 되어서 할 수 있는 일은 교사일 때보다 훨씬 더 권한이 많았다. 그러나 교장이라도 할 수 없는 일 또한 너무 많았다. 학교 차원에서 해결할 수 없는데 학교 교육을 가로막는 문제가 너무 많았다. 한 가지 예를 들자면 중학교 3학년의 학년 말 교육 과정 운영의 파행이다. 중학교 3학년은 11월초에 기말시험을 본다. 이유는 고등학교 입시 일정 때문이다. 11월 초에 시험을 보고 나면 방학까지 약 2개월이라는 긴 시간이 남는데 제대로 교육과정을 운영하기가 매우 어렵다. 교사들이 아무리 노력해도 한계가 많다. 학생들에게는 입시와 성적이 학교 공부의 중심 동기인 것이 현실이기 때문이다. 이런 학교의 관성에서 학생만을 탓할 수도 교사의 역량을 탓할 수도 없는 일이다. 학교별로 학기 말 프로그램을 별도로 만들어서 각자 노력하고 있지만 근본적 대안이 될 수 없다.

시험 성적을 산출하고 고등학교 입시 전형을 거쳐야 해서 어쩔 수 없다는 교육청의 답변은 이해하기 어려웠다. 예전과 달리 모든 것이 전산으로 진행되는 상황인데 여전히 이렇게 2달 전에 시험을 볼 이유는 없다고 판단되기 때문이다. 이것은 한 가지 예에 불과할 뿐이다. 교육청이 혁신해야 학교도 더 교육의 본질에 맞는 학교 운영이 가능하리라 판단해서 교육청 전직을 신청했다. 그러나 옮기는 과정에서야 알게 된 1.5년이라는 짧은 주기로 자리를 이동해야 하는 상황에서 제대로 할 수 있는 일은 별로 없었다. 장기적이고 안정적인 교육 정책의 구현은 가능하지 않았다. 그저 현안을 대응하기에 급급해야 할 처지였다. 이것이 교육청 근무 1년 만에 명퇴를 결단하게 된 이유였다.

교육청의 문화 또한 학교와 달리 너무 권위적이고 관료적이라 충격을 받았다. 관료 사회의 특징인 일사불란함이 있겠지만 그로 인해 갖게 되는 폐해는 더 클 것이다. 전문직 출신이 아닌 나로서는 처음 근무하게 된 교육청이었다. 학교는 진보 교육감이 시작한 혁신교육 도입 이후 매우 분산적 리더십으로 수평적인 문화가 많이 정착된 상태이다. 그런데 교육청은 전혀 그렇지 않았다. 그나마 내가 근무한 교육지원청은 다른 지역에 비해 그나마 덜 권위적이라고 외부에서는 바라보던 교육청이었음에도 내부의 모습은 전혀 달랐다. 소소한 일상일지 모르나 교육청의 문화를 보여주는 한 가지 예는 점심시간 풍경이다. 홀로 근무하는 국장이라 부서가 따로 없어서 혼자 밥을 먹을까봐 걱정해서 배려해주는 차원에서 부서가 돌아가며 같이 밥을 먹었다. 편치만은 않을지라 괜찮다고 해도 극구 챙겨주는 마음이 고마웠다. 그런데 부서에서 자연스럽게 식당에 도착하는 대로 먼저 들어가서 배식을 받고 식사를 하라고 해도 달라지지 않았다. 식당에서 밥을 먹는 점심시간이면 같이 먹는 부서의 장학사들이 식당 문 앞에서 들어가지 않고 대기하며 기다리고 있었다. 그러지 말라고 여러 차례 이야기를 해도 달라지지 않았다. 그러면 같이 안 먹겠다고 일부러 강하게 말하자 기다리는 모습은 사라졌다.

다만 밖에서 기다리는 대신 사무실에서 늦게 나오는 방식으로 바뀌었을 뿐 먼저 식당에 들어가지는 않았다.

또한 학기 초면 교육청은 인사 시기에 학교 현장에서 떡을 돌리고 다른 학교로 이동한 교사를 챙기는 문화를 없애자는 지침을 내려보냈다. 실제 학교는 예전에 비해 이런 문화가 거의 사라졌다. 그런데 교육청에 오니 아직 예전 그대로였다. 이게 뭐지? 싶은 생각이 들었다. 모범을 보여야 할 교육청이 그것도 지침을 시행하는 주체인 교육청이 이래도 되는 건가 싶은 생각이 절로 들었다. 학교 현장의 변화와 달리 예전 모습 그대로인 교육청이야말로 혁신의 대상이 되어야 한다는 생각이 강하게 들었다.

교사 때부터 근무하던 교육지원청에서 교육지원국장으로 근무하게 되어 지역의 문제를 잘 알고 있었다. 대표적인 문제가 다문화 학생 비율이 가장 높은 지역이라는 점이다. 담임 교사일 때도 교장일 때도 많이 접했던 문제였다. 초등학교의 경우는 운동부를 제하고는 모두 다문화 학생으로 구성된 학교도 있었다. 작년 말경 대림역 주변의 혐중 집회에 대해 대책 마련을 촉구한 교장 선생님이 근무하는 해당 중학교는 과반이 넘는 학생들이 다문화 학생들이다. 고등학교도 다문화 학생에 진로지도 문제 등으로 고심이 큰 상황이었다.

발령을 받은 후 곧이어 '다문화 대토론회'를 준비했다. 대상은 관내 모든 학교의 교장, 교감, 업무 담당자였다. 교장, 교감부터 먼저 문제의식을 공유하는 것이 우선 필요하다고 판단했기 때문이다. 지역사회까지 같이 하는 의미 있는 토론회였다. 이어 다문화 교육를 논의하는 거버넌스 회의 구조도 만들었다. 그러나 이 과정에서 허망함이 늘 같이했다. 문제를 인식하고 해결 방안을 모색하는 과정에서 '내년에는 이렇게 시도 해보자'라고 논의하는 경우가 많았는데 내년이면 이 자리에 있지 못할 것이 뻔하기 때문이었다. 주변의 만류에도 불구하고 명퇴를 고심 끝에 결단한 가장 이유이다.

만약 임기가 3년이라도 한 자리에 임기 보장이 되었다면 교육청에서 퇴직하지 않았을 거다. 1.5년은 현안 대응에 급급할 뿐 무언가를 의미 있게 바꾸기에는 너무나 짧은 시간이었다. 남은 정년을 두어 군데 더 메뚜기처럼 옮기다 끝내기에는 교육 문제는 너무 심각했다. 그래서 제대로 일할 수 없는 교육청에서 있기에는 시간이 너무 아까웠다.

| 8 |

명퇴 결단,
광야로 나오다

2024년 2월 교육청을 떠나는 마음이 한없이 막막하고 불확실했다. 광야에 홀로 서 있는 느낌이었다. 어떻게 하든 '진짜 교육을 찾는 길'을 만들고 싶었다. 또 다른 새로운 도전의 시작이었다.

2024년 4월 국회의원 선거에서는 민주당에서 선발하는 국민후보 비례대표에 도전했으나 성공하지 못했다.

주변에서는 이런 나의 도전을 응원하면서도 너무 '순진한' 그리고 '낭만적인' 생각이라고 그렇게 쉽게 성공할 수 있는 길이 아니라고 우려하기도 했다. 비례대표로 진입하는 사람들은 오랜 시간 정치 영역에서 함께한 사람이거나 또는 명망가들이기 때문이다. 반면에 나처럼 현장 실천을 중심으로 살아온 사람에게는 쉽게 진입하기 어려운 관문처럼 느껴졌다.

영화 '1987' 시기에 대학 생활을 한 나는 학생운동과 노동운동의 과정을 한복판에서 함께 걸어왔다. 그 과정에서 대학교 졸업도 늦어졌고 교사도 뒤늦게 2000년 내 나이 서른여섯에 시작할 수 있었다. 그렇게 살아온 시기를 후회한 적은 한 번도 없다. 그러나 아버지가 당시 애원하며 말리시면서 '지금은 참았다가 나중에 높은 자리에 가서 하라'고 하셨던 말씀이 떠오르기도 했다. 진짜 그랬어야 했나? 하는 싱거운 생각이 들어서 픽 웃음이 나기도 한다.

스무 살 이후 삶은 세상을 바꾸는 일에 헌신하는 삶이었다. 그리고 당시의 많은 젊은이들의 헌신과 수많은 희생이 있어서 지금의 민주주의가 가능했다는 생각에는 변함이 없다. 그리고 내가 세상을 모두 바꿀 수는 없더라도 할 수 있는 데까지는 해야 한다는 신념 또한 여전하다. 그리고 나는 여전히 '정년이 되기 전 나이'다. 아직 정년도 안 되었으니 여전히 나는 현역이라는 마음 자세로 임하고 있다.

광야로 나오고 난 후 다소 당황스러운 일도 있었다. 학교에 늦게 나온 탓에 전교조 결성 초기 시기를 함께해 온 선배들은 나를 거의 모르고 계셨다. 이제 퇴직 후 2년이 되어서 퇴직 후에도 밖에서 여전히 활동하시는 많은 선배님들과 교육단체 활동가를 만나게 되었다. 교사가 아님에도 아이들에게 좋은 교육을 만들어 주기 위해 노력하는 많은 분들에게 진심으로 존경의 마음을 담아 건넨 말이 있다. "저야 교사라 당연한 일이지만 그렇지 않아도 될 텐데 이렇게 좋은 교육을 만들기 위해 헌신해 주셔서 존경스럽고 감사합니다"

한 아이를 기르기 위해서는 온 마을이 필요하다고 하지 않던가? 내가 교육 4주체로 지역사회를 교육 3주체에 더해 꼽는 이유이다.

| 9 |

현장 교육 전문가로
서울교육감에 도전하다

2024년 10월 16일 서울시교육감 보궐선거를 갑자기 치르게 되었다. 전국교직원노동조합(전교조) 출신 해직 교사 5명을 부당하게 특별 채용한 혐의로 재판에 넘겨진 조희연 서울시교육감에 대해 징역형의 집행유예가 대법원에서 확정되면서 벌어진 일이었다.

평소 이제는 교육감은 유·초·중등 교육을 총괄하는 수장이니만큼 학교현장의 문제와 해결 방안을 잘 아는 현장 전문가가 되어야 한다는 생각을 많이 가지고 있었다. 목마른 사람이 우물을 파는 법이다. 학교 현장에서 학생들과 매일 만나며 좋은 교육을 만들기 위해 실천해 온 교사가 우리나라 공교육 혁신에 대해 가장 '목이 마른' 사람일 것이다.

학교의 문화는 많이 민주화되었다. 학교 체벌은 사라졌다. 예전의 권위적인 교장보다 수평적 리더십을 발휘하는 교장들도 많아졌다. 그러나 서이초 사건을 통해 단적으로 드러난 것처럼 학교 현장의 수많은 문제는 더욱 섬세하고 구체적인 해결 방안을 제시할 리더십을 가진 수장을 요구하고 있다. 선언적이고 정치적인 구호로는 학교 현장의 문제를 해결하기 어렵다. 악마는 디테일에 있다. 이 말은 천사 또한 디테일에 있다는 말이다.

무모한 도전일 수 있지만 나는 교육감에 도전해야겠다고 마음먹었다. 내가 가장 잘할 수 있는 적임자라고 확신했고 보다 큰 권한을 가지고 서울 교육을 바꾸고 싶었다. 그간 교사가 된 이후 학교 민주화를 위해 앞장서서 실천해 왔다. 전문성 계발을 위해 과학 교사로서 수업 개선을 위한 활동도 함께 했다. 또한 '과학교사모임'에 소속되어 활동하면서 끊임없이 연구하고 실천해 왔다. 또한 혁신 교육의 맨 앞에 서서 주도적으로 실천해 왔다. 2010년 곽노현 교육감이 당선되면서 시작된 혁신학교 정책을 학교 현장에서 준비팀장, 혁신부장, 혁신 교육을 주제로 석박사 학위, 혁신학교 공모 교장, 장학관을 두루 거쳤다. 교사일 때도 교장일 때도 장학관일 때도 문제가 보이면 해결 방안을 찾아 개선하는 실천을 이어왔다. 그러나 교육청을 그만둔 이유는 1.5년이라는 짧은 임기로는 제대로 일을 할 수가 없었기 때문이었다. 이제 보다 많은 권한을 가지고 보다 더 크고 넓고 근본적인 차원에서 교육을 바꾸고 싶었다.

서울교육감에 도전하는 일은 엄청난 일이었다. 개인의 역량을 떠나 온갖 일이 있었다. 그러나 살아온 인생 자체가 늘 도전의 길이었다. 길은 필요한 사람이 만들면 그만이다.

2024년 서울교육감 출마를 결심하고 8월 30일 출마 선언을 했다. 그리고 민주진보진영 후보들이 서울시교육청 앞에서 공동 기자회견을 가졌다. 기자회견에서 한 말이다.

"서울교육감은 서울교육호라는 배를 총괄하는 선장입니다. 바다 표면만 알아서는 제대로 배를 운영할 수 없습니다. 바다 깊이 어떤 물고

기들이 어떻게 살고 있는지, 물의 흐름은 어떠한지, 물의 온도는 어떠한지 속속들이 잘 알아야 제대로 배를 지휘하는 역할을 수행할 수 있습니다. 이제는 그런 사람이 서울교육감이 되어야 합니다"

지금도 이 생각에는 변함이 없다.
그래서 뜻을 같이 하는 '동지'들을 찾아나서기로 했다.■

광야에서 전하는 약속과 감사 /
'다시, 진짜 교육의 길을 묻다'

사범대를 졸업하고도 굴곡진 현대사의 소용돌이 속에서 세 번의 구속을 거치며 뒤늦게 교단에 섰던 2000년의 봄날이 떠올랐습니다. 두 아이의 엄마인 늦깎이 교사에게 아이들의 초롱초롱한 눈망울은 세상 무엇보다 소중한 선물이었습니다. '이 교단에서 혼신을 다하리라' 다짐했던 그 첫 마음은 24년의 세월을 지나오는 내내 길을 환하게 밝혀주는 등불이었습니다.

지난 시간 저는 과학 교사로 19년, 혁신학교이자 미래학교인 오류중학교의 공모 교장으로 4년, 그리고 교육청 장학관으로 1년을 보냈습니다. 교실에서 아이들과 부대끼며 '교육의 질은 교사의 질을 넘지 못한다'는 교육 현장의 경구야말로 불변의 명제라고 느꼈습니다. 그러나 우리 교육 현장의 현실은 교사들과 아이들이 행복한 교육을 현실로 만들어가기에 너무나 척박했습니다.

'아이들을 위한다'는 그럴듯한 명분 아래, 정작 아이들은 무한 경쟁의 시험지옥으로 내몰리고, 교사들은 본연의 교육 활동보다는 끝없이 쏟아지는 행정 업무에 내몰리고 권위적인 관료주의에 억눌려 있었습니다. 학교에서 할 수 없는 권한의 한계를 느끼고 교육 정책의 혁신을 꿈꾸며 교육청으로 전직하여 들어갔습니다. 그러나 교육청에서 목격한 '회전문 인사'와 '보여주기식 행정'의 민낯을 보면서 깊은 한계를 느꼈고 교육청 혁신의 필요성을 더욱 절감하게 되었습니다.

제가 마주한 '악마'는 대단한 악의가 아니라, 현장의 목소리를 외면한 채 책상 위에서 만들어진 세심하지 못한 정책들의 '디테일' 속에 숨어 있었습니다. 이 책『아이들을 위한다는 거짓말』은 그러한 모순된 교육 현실의 일부를 기록한 것입니다.

학교 현장을 혁신하려 애썼던 교사와 혁신부장 시절의 고민, 교장이 되어 학교의 문화를 바꾸려 했던 분투는 「교장이 바뀌면 학교가 바뀐다」(2024)에 담아서 2년 전에 세상에 내놓았기에 이 책에는 담지 않았습니다. 이 책은 그때 미처 담지 못한 '학교 교육을 발목 잡는 교육 정책'을 새로운 책으로 내놓겠다고 한 약속대로 이제야 일부라도 담아서 세상에 내놓습니다.

책을 마무리하며 제 마음속에 남아 있는 희망은 이제는 교육이 정치적 이해관계나 신자유주의적 논리에 휘둘리는 것이 아니라, 오직 '교육적 논리'로만 움직여야 한다는 것입니다. 아이들이 실패해도 괜찮은 환경에서 도전하면서 자신의 잠재력을 발견하고, 교사가 가르치는 즐거움에 온전히 몰입할 수 있는 '진짜 교육'의 시대를 열고 싶은 바람으로 이 책을 썼습니다.

저는 정년을 3년 반 남겨두고 교육청 장학관직에서 명예퇴직이라는 결단을 내렸습니다. 안락한 울타리를 벗어나 광야로 나온 이유는, 학교 안에서는 결코 해결할 수 없는 거대한 교육의 난맥상을 밖에서부터, 그리고 더 넓은 영역에서, 더 많은 권한을 가지고 고쳐나가고 싶었기 때문입니다. 평소 현장의 아픔을 모르는 정치인이나 대학교수가 아니라, 학교 현장의 문제를 가장 잘 알고 그 변화의 필요를 누구보다 절실히 느끼는 '현장 전문가'가 유·초·중등 교육의 수장이 되어야 한다는 확신을 갖고 있었습니다. 저를 이 길로 이끈 것은 '거짓말'이 아닌 '진짜 교육'을 만들고 싶은 절박한 열망입니다.

　이 험난한 여정을 홀로 걷지 않게 해주신 모든 분께 깊은 감사를 전합니다. 먼저, 원고를 읽고 뜨거운 응원을 보내주신 박순걸, 천경호 선생님께 고개 숙여 감사드립니다. 교육 비판서를 펴내는 고통을 누구보다 잘 아는 동료로서 "아이들을 위한다는 거짓말에 깊이 공감한다"며 보내주신 말씀은, 제가 외치는 이 비판이 결코 혼자만의 독백이 아님을 깨닫게 해줍니다. "왜 저자가 이런 제목을 지었는지 공감할 수밖에 없다"는 격려는 저에게 큰 위로이자 용기가 되었습니다. "지적은 쉽고 대안은 어렵다"며 "실타래처럼 얽히고설킨 학교 현장의 어려움을 해결할 대안을 이야기하는 사람의 가치가 이 책에 담겨 있다"고 격려하시며 "함께 하겠다"라는 약속의 말씀은 저에게 앞으로 뚜벅뚜벅 나아가게 하는 힘을 줍니다.

　이 책이 나올 수 있게 촉박한 시간임에도 글을 가다듬어 책으로 만들어준 은빛기획 노항래 대표께도 감사드립니다. 또한, 제 교육 인생의 든든한 버팀목이 되어준 동료 교사들과 학부모님들, 학교의 마을주민들, 그리고 제가 가르쳤던 모든 제자에게 감사를 전합니다.

비록 지난 2024년 서울교육감 보궐선거라는 도전의 길에서 낙선의 쓴잔을 마시기도 했지만, 저는 '진짜 교육'을 만드는 사명을 멈추지 않을 것입니다. 이 책이 던지는 질문들이 우리 사회에 작은 파동이 되기를 소망합니다. '목마른 사람이 우물을 판다'는 말처럼, 학교 현장에서 아이들과 매일 마주하며 좋은 교육을 꿈꾸어 온 제가, 우리 공교육 혁신에 가장 목마른 사람으로서 그 우물을 끝까지 파보려 합니다.

우리는 모두 연결되어 있기에 여전히 희망이 있습니다. 학교가 유능함을 증명하는 전쟁터가 아니라 서로의 온기를 확인하며 무엇이든 마음껏 시도하고 도전하는 광장이 되는 날까지, 저는 여러분과 함께 '진짜 교육'의 길을 찾아 뚜벅뚜벅 걸어가겠습니다.

그 길의 끝에서 환하게 웃고 있을 우리 아이들, 수지와 경준이와 진성이를 기다립니다.

2026년 2월 홍제남 씀

[참고문헌]

손동빈·배성우·배현주·엄형수·전인숙·최은미·홍제남(2018). 혁신미래
학교의 토대로서 학교자치 실현을 위한 정책방안 연구. 서울특별시교
육청교육연구정보원 교육정책연구소.

홍제남(2019). 지역사회협력 청소년 자치배움터의 학습과 실천에 대한
의미 분석:학습자 배움 중심 교육과 학습권 실현 조건 탐색을 중심으
로. 한국교원대학교 박사학위 논문.

홍제남(2024). 교장이 바뀌면 학교가 바뀐다. 살림터

아이들을 위한다는 거짓말

초판 1쇄 발행일   2026년 2월 27일
지은이   홍제남
디자인   서용석
펴낸이   이재정
펴낸곳   도서출판 은빛
출판등록   2013년 4월 26일
주소   서울특별시 용산구 한강대로38가길 17, 201호
홈페이지   www.mylifestory.kr
전화번호   070-8770-5100
ISBN   979-11-87232-61-2   93370